G-Books

ビートルズの食卓

彼らは「食の世界」でも先駆者だった!

松生恒夫

グスコー出版

はじめに

私の本業は消化器系内科の医師ですが、昭和の時代、小・中学生の頃から外国のポップミュージックにあこがれ、同世代の若者たちがそうであったように、ビートルズの存在を知るとともに彼らの大ファンとなり、以来、その想いに変わりはありません。

医学の道へ進み始めてからも、ビートルズに関する単行本・雑誌を読み込んで情報を得ようとする姿勢は変わらず、集大成として、十数年前には「胃腸の働きを改善する音楽療法」の一環として『ビートルズでおなかスッキリ』（法研刊、現在品切れ中）というCD付きの単行本を上梓《じょうし》したくらいです。

それ以降も、クリニックの院長・大腸内視鏡検査の専門医としての立場から、「腸、排泄《はいせつ》、冷え、老化予防、食生活など」をテーマに、健康に関する本を数多く著わしてきましたが、本書では、これまでとは異なる「ビートルズ」という世界的なスーパースターを通して、別の視点から私の想いをまとめてみました。

ビートルズがデビューしてからすでに半世紀以上が経ちましたが、現在までに世に出た刊行物は、自伝を含めたメンバー自身による著作、評伝、写真集、楽曲解説本、パートナーたちによる回想録、料理本など、多岐に及びます。

ただし、彼らの「食生活の歴史」を追った書籍類は断片的な記述を除いて見当たらず、現職の医師としての立場を踏まえて一冊にまとめてみたらおもしろいのではないか。そこから見えてくるものがあるかもしれないし、もしかしたら新たな情報として発信できるかもしれない、という動機が執筆のきっかけでした。

残念ながら、ジョン・レノンは四〇歳で無念の死を遂げ、ジョージ・ハリスンも、その二一年後に五八歳で病死しています。されど、彼らと青春をともにしたポール・マッカートニーとリンゴ・スターは、それぞれ今年、七八歳と八〇歳になりますが、老いてますます元気で、精力的に音楽活動を続けています。

私が子供だった頃、「思い出のメロディー」といった歌謡番組に登場する日本の懐メロ歌手たちは、おそらく多くが還暦前だったことを考えれば、人種と時代を考慮したとしても、ポールとリンゴの健在ぶりは注目に値します。

読み進めていくうちに、ジョンの日本贔屓《びいき》の背景には「食生活」と密接に関係があったことが見えてくるでしょうし、ポールが「ミートフリー・マンデー」と称する「週に一回、月曜日は肉食をやめてみよう」という啓蒙運動をし続けている背景にも納得することでしょう。

ビートルズ解散からちょうど五〇年経ちましたが、ビートルズから学べることは、まだまだありそうです。本書が、読者のみなさんのライフスタイルにとって少しでも参考になれば、ビートルズ・フリークだった一人として、こんなうれしいことはありません。

資料が乏しく、リンゴに関する分量が少なくなってしまったことを先にお伝えして、お詫びしておきます。

なお、本文中に出てくる引用資料・参考文献等は、巻末にまとめて掲載し、著者、訳者、発売元を記しました。本文中ではわずらわしさを避けるため、著者・訳者の名前を割愛して掲載しました。

二〇二〇年四月

松生恒夫

ビートルズの食卓

彼らは「食の世界」でも先駆者だった！

目次

第6章

第7章 ポールがめざした理想 137

カバー&本文デザイン　野村高志＋KACHIDOKI

The Beatles at Table

序章——ビートルズは死なず

●メタボとは無縁だったビートルズ四人の四〇代

ここにビートルズ解散後のメンバーたちがそれぞれ独自に発表したアルバムがあります。メンバーが四〇歳当時のアルバムジャケットを比べてみましょう。

ジョン・レノンは『ダブル・ファンタジー』、ポール・マッカートニーは『タッグ・オブ・ウォー』、ジョージ・ハリスンは『クラウド・ナイン』、リンゴ・スターは『ストップ・アンド・スメル・ザ・ロージズ』、それぞれのジャケットで比べてみると、四人とも一般的な四〇歳の男性に対して、意外とスリムなのです。特に、ジョージは見事なまでにスリムです。四〇歳となったビートルズのメンバーは、実はこの当時、四人とも菜食を中心とした食生活を送っていました。

日本でも今は、菜食主義やマクロビオティックなどが広く知られるようになり、こうした食のスタイルを日常的にとり入れる人も増えてきました。しかし、彼らが四〇歳だった一九八〇年代前半は、「菜食主義」や「ベジタリアン」という言葉はまだ少数派で、風変わりなイメージのほうが強かったように思います。

衣食住の習慣は、パートナーによって大きく変化するものです。ビートルズの四人も、パートナーの影響によって少しずつライフスタイルを変えながら四〇歳を迎えていました。

残念ながらジョンは四〇歳で射殺されてしまったので、それ以降の記録がありません。

四〇歳前後の四人は、二〇代前半のジェットコースターのような日々に別れを告げ、落ち着いて満ち足りた人生を送っているように見えます。うらやましいことに、メタボともあまり縁がなかったようです。その理由は、ライフスタイルや音楽以外の行動・発言の中に、ヒントが潜んでいます。

彼らが一時的に陥った薬物などのネガティブな問題もありましたが、本書では、彼らの音楽以外の生活、特に食生活を中心に、我々にとって有益になりそうな面にスポットを当てて検証していきたいと思います。

●パートナーたちが明かした四人の食生活

私の本業が消化器を専門とする内科医ということから、まずは彼らの「食生活」に目がいきます。ビートルズ・ファンの人でも、おそらくメンバーの食生活に注目する人は少ないのではないでしょうか。彼らの食生活については、さまざまな本を読んでみても断片的なものしか出てきません。

しかし近年、彼らのそばにいた女性たちの本が出版されたことによって、今まで知らされていなかったことが少しずつわかってきました。女性ならではの視点で「食」を見ていたのもそのひとつです。それらを丹念につなげていくと、見えてくるものがあります。

ビートルズの四人は三〇代を過ぎてもスマートな体形を維持し、パートナーたちも皆、美しいスタイルをキープしていました。ビートルズに関する記録はあまりにも多く、すべての情報をご紹介できませんが、本書では読者のみなさんにとって身近なものや「食」と「ライフスタイル」に関係したものを選んでいきます。

ここではまず、「菜食主義（ベジタリアン）」という概念について簡単に触れておきたいと思います。

ビートルズ誕生の地、イギリスでは「英国ベジタリアン協会」が一八四七年に設立されています。当初は宗教的理由や動物愛護の思想から始まった、とされています。

ベジタリアンに至るきっかけですが、大きく分けて次の三つにしぼられるようです。ビートルズのメンバーが、どうして菜食主義的生活に入っていったのか、その理由を知るうえでは大切なポイントです。

①健康増進のため、肉食が体に合わないため
②自然環境への配慮のため、食肉汚染への不安のため
③動物愛護のため、宗教上の理由のため

三〇代の頃の彼らの食生活は、ほぼ次のようなものでした。

・ジョージ・ハリスン――ヒンドゥー教による菜食主義
・ポール・マッカートニー――動物愛護からの菜食主義
・ジョン・レノン――玄米を中心とした自然食療法（マクロビオティック）
・リンゴ・スター――健康食としての菜食主義（現在は、ヴィーガン）

彼らはそれぞれの理由で「菜食中心の食習慣」となり、結果として四〇代を前にしてもメタボにならずにすんだ、というわけです。

●いまだ現役！ヒントはポールの「ツアー食」

近年のポールは頻繁に来日し、精力的に公演を行なっていますが、そのツアー・パンフレットには必ずポール自身による「食へのメッセージ」が掲載されています。ただし、かつてポールがどんな食事をしていたのか、これを解明するのはなかなか困難です。一例として、二〇〇二年から二〇〇三年にかけて行なわれたワールド・ツアーのドキュメント本、『ポール・マッカートニー　イーチ・ワン・ビリービング』（プロデュース・センター出版局刊、二〇〇四年）を参考に見てみましょう。

このワールド・ツアーには、九人の料理人からなるチームが同行し、コンサートのある日には、二五〇食以上の無料ベジタリアン料理を作っています。ランチは六種類、ディナーは八種類以上が用意されました。イタリア料理、メキシコ料理、日本料理など、種類はさまざまで、なかでもブラウンソースをかけたエッグ&チップスは人気があって、すぐになくなってしまったそうです。

ある日のメニューは、トマトソースのベークドビーンズ・ラビオリとロースト・ベジタブル付きのポレンタ（トウモロコシの粉を火にかけて湯やだし汁で練り上げたもの）、野菜を添えたうどん、チリ味のペンネ、ドライトマトのパスタ、アスパラガス、ガーリック風味のマッシュポテトなどでした。どれも肉類、魚類を一切使用していないのですが、とてもおいしそうですね。このツアーで、ポールは次のようにコメントしています。

「僕たちのケータリングはすばらしいよ。街でいちばんのレストランだ、ってよく言われるんだ。でも僕自身は、コンサートの前はあまり食べたくないから実際には食べない。代わりにマカダミアナッツを食べるんだけど、口の中にナッツがいっぱい入ったましゃべって、ラジオのインタビュアーを困らせるんだ」

コメントどおりだとすると、コンサート開始直前のポールは食事を摂《と》っていないかもしれませんが、ポールが日常的にこうした野菜中心のベジタリアン料理を習慣にしていることは、間違いなさそうです。

「スタミナの秘訣《ひけつ》はベジタリアン料理ですか」という質問に対して、ポールは六〇歳当時、次のように話しています。

「何らかの関係はあるかもね。ベジタリアンになって二五年以上になるけど、すこぶる健康なんだ。ベジタリアンだからかどうかはわからないけれど、関係はあると思うよ。たいていの医者はヘルシーな食事だって言うしね。僕は素材のいいものを食べるのさ。野菜と、あとフルーツも大好きだ。別に健康のためにそうしているわけじゃなくて、爽快な気分にしてくれるからね。そうでないものは食べない。**肉も魚も、顔の付いているものは何もかも食べない。**だから、それも関係しているのかもね」（前掲

書より）

スタミナについては、次のように答えています。

「ビートルズ時代は一年に三五〇日は働いて、それ以上の休みはもらえなかった。これがいい運動になっていて、例えば、アメリカのデンバーのような標高の高い場所で、リトル・リチャードの『ロング・トール・サリー』を歌うと、息が切れるもとにもなるし、汗をかいて、心拍数が上がって、血の巡りが良くなるというトレーニング同様の効果をもたらしていたのだと思う」

●ポールが提唱する「ミートフリー・マンデー」とは

ポールの二〇一五年のコンサート・ツアーのパンフレットには、次のような主旨のことが記されていました。

ポール・マッカートニーは、菜食主義になって四〇年以上にもなっています。

二〇一七年の「ワン・オン・ワン・ツアー」のプログラムによると、畜産業が有害な温室効果ガスを発生させ、地球環境に悪影響を与え、気候変動に大きく関与していることを知ったポールは、二人の娘（メアリーとステラ）とともに「**ミートフリー・マンデー**（Meat Free Monday）」の運動を始めました。

「ミートフリー・マンデー」とは、「**月曜日には肉を食べるのをやめよう**」といった意味です。

ポール・ファミリーは、肉食を減らすことの大切さを訴え、人々がそれを試みることを容易にしたい、と考えたからだそうです。国連食糧農業機関（FAO）の二〇一三年の報告書によれば、世界的な温室効果ガス排出量の一四・五％は、家畜の生産によって引き起こされているとしています。ある統計によれば、もし誰かが一年間、週に一度だけ肉を食べなければ、その人の温室効果ガスの排出量は、自動車を一か月運転しないのと同じ量だけ削減できるそうです。

ポールは次のように述べています。

「西洋人は肉を食べすぎている、と多くの医者が言っている。自分の子供時代の食事

（アメリカの食事とよく似ている）もそうだと思う。朝食はベーコン、昼食は肉（ソーセージとマッシュ等）、そして夕食もね。副食として多少の野菜が添えられているかもしれないけれど、メインは肉だ。もしかしたら間食にも肉のサンドウィッチを食べるかもしれない。長年にわたって医者の知見も大きく進歩して、最近では多くの人が肉食を減らしている……」

　また、タンパク質については、次のように答えています。

「豆、エンドウ豆、レンティル豆（レンズ豆）、種、ナッツ、全粒粉（小麦の表皮、胚芽、胚乳をすべて粉末にしたもの）、ベジタリアン・ソーセージやバーガー等の肉の代替品、そして豆腐など、これらの植物性の食べ物にはすべて健康的なタンパク質が含まれているんだ。肉や乳製品に代わるすばらしい代替食品はたくさんあるし、ありがたいことに、最近はそれがかつてないほどに増えている。**僕は三〇年以上も肉を食べていない。肉を食べていたら感じられなかったであろうエネルギーと人生に対する喜びは、ベジタリアン・フードが与えてくれているのだ、**と思う」

「なぜ月曜日なのですか？」という問いに対しては、次のように答えています。

「重要なのは、少なくとも週に一度だけ肉を食べないことだ。月曜である必要はない。とはいえ、週末に過食する人は多いから、月曜になると彼らは食べすぎたことの罪悪感を感じ、〈ジムに行かなくっちゃ〉ってことになる。それで彼らが、もしかしたら節制したほうがいいかも、と考えているときに〈いいアイデアがあるよ〉と知らせてあげるのは理にかなっているだろう」

The Beatles at Table

第1章——スリムの秘密は食生活にあり

●映画の中のアフタヌーンティー

ビートルズの四人のライフスタイルはいったいどんなものだったのでしょうか。その多くは謎に包まれています。ほんの少し見えてくるのが、実際に彼ら自身が書いたとされる自伝やパートナーたちの自伝、映画やＤＶＤからの映像情報です。ライフスタイルの変遷を知ることによって、彼らの創造してきた音楽との関連性に気づかされることも多く、興味は尽きません。

私が最初に気づいたのは、映画『ビートルズがやって来る　ヤァ！ヤァ！ヤァ！(現・ハード・デイズ・ナイト)』で何回か見かけた「お茶」のシーンでした。最初に映画を観たときはさほど気になりませんでしたが、後年になって「アフタヌーンティー」の習慣に興味を持ち、東京のフォーシーズンズホテルなどで自分がアフタヌーンティーを楽しむようになってから、映画を見直してみると、彼らの「お茶」を楽しむシーンに、英国人のライフスタイル、そしてそれまでは見えてこなかった、ビートルズのメンバーの日常生活の一端を垣間見たように思えたのです。

映画『ハード・デイズ・ナイト』の中に、列車内でのティータイムのシーンがありますが、英国人にとってティータイムは切っても切れない習慣のようで、そんな憩いのひとときを彼らが自然にふるまっている様子が残されています。

昔からよく聞かれる話ですが、英国発祥のミルクティーの作法には二つの入れ方があります。ミルクティーが飲まれるようになった一七世紀中頃から続いている問題で、「ミルクが先か、ティーが先か」の論争です。

まずはミルク・イン・ファーストですが、これは前もって温めておいたティーカップに適量の冷たいミルクを入れて、その上から熱いティーを注ぐという方法です。これは、一般家庭での入れ方だそうです。

次にミルク・イン・アフターのほうですが、これはティーの上にミルクを注ぐというもので、王室や貴族などの上流階級の作法なのだそうです。日本では、こちらのほうが一般的のような気がします。さて、ビートルズのメンバーは、どちらの入れ方だったでしょうか。それは映像を見て、ご自身で確かめてみてください。

●英国のアイドル、クリフ・リチャードの「一日一食主義」

一九五六年にアメリカでブレイクしたキング・オブ・ロックンロール、エルヴィス・プレスリーの影響は時を経ずしてイギリスにも及んできました。それまで、イギリスの若者たちの間に流行していたスキッフル音楽（ジャズやブルースの影響を受けた即興的な音楽スタイル）のブームは一挙にロックンロールへと移行していったのです。

ジョンも当初は、スキッフルを演奏するグループとしてザ・クオリーメンを結成し、そこにポールが加わり、その後ジョージが参加し、ロックンロールのバンドへと進化していきました。

イギリスで初のロックンロール・バンドとして成功したのは、一九五八年に『ムーヴ・イット（Move It）』を大ヒットさせたクリフ・リチャード&ザ・ドリフターズ（のちにシャドウズに改名）でした。ギタリストのハンク・マーヴィンの作り出すギターの音色は一種独特で、ビートルズのメンバーも注目していました。

一九四〇年生まれのクリフ・リチャードは、ジョンと同じ年齢ですが、現在でもミュージシャンとして活動していて、二〇〇七年には来日公演も行なっています。彼の発言などを読んでみると、一九五〇年代末の若者や当時の人々のライフスタイルが見えてきます。

クリフはインド生まれということで、カレー料理がお気に入りでした。ロンドンにはインド料理のレストランが数多くあったようで、この中には、ベジタリアン料理を出す店もあったことでしょう。また、クリフがスカウトされたカフェバー「トゥー・アイズ（Two I'S）」（注）など、コーヒー・バーといわれるミュージック・スポットも多数あったようです。

（注）店の名の由来は、二人のイラン人兄弟が経営するコーヒー店「Two Iranian Brother Coffee Bar」をトム・リトルウッドが買い取り、屋号をそのまま残したことからきています。この店のミュージック・スポットから、トミー・スティール、クリフ・リチャード&ザ・ドリフターズなどが見いだされました。一階はコーヒーなどを出す喫茶店で、生演奏は地下で行なっていました。

そのカフェバーは、今でいうところのライブハウス的存在でクリフ・リチャード&ザ・シャドウズの食事メニューは、フィッシュ&チップス（白身魚のフライにフライドポテトを添えたもの）でした。

クリフの発言などによると、一九五〇年代末は、朝は卵料理とソーセージ（ドイツのソーセージとは異なり、肉類とパン粉で作られたイギリス独特のソーセージ）、ベーコンとポテトの付け合わせ、昼はフィッシュ&チップスが主だったそうです（通常はこのフィッシュ&チップスにビネガー〈酢〉をかけて食べます）。

フィッシュ&チップスは、イギリス庶民の味であり、魚はタラ、カレイなどで、チップスは揚げたジャガイモです。つまり拍子木の形に切ったジャガイモをそのまま揚げたもので、日本でフライドポテトとかフレンチポテトと呼ばれているものです。

イギリスには、日本のように主食・副食という考え方がなく、チップスはまずほとんどの食堂やレストランへ行ったとき、メインディッシュに必ず添えられてくるものです。日本人の感覚からすると、このチップスがごはんに当たる主食なのかもしれません。

クリフ・リチャード&ザ・シャドウズのアビーロード・スタジオにおけるセッション時にもティータイムは存在し、紅茶と簡単なサンドウィッチを食べています。当たり前かもしれませんが、一九五〇年代末から六〇年代初頭におけるイギリスの食習慣は、現在と比べてもあまり変わりません。

クリフ・リチャード&ザ・シャドウズのデビュー・ヒット『ムーヴ・イット』は、ビートルズの一九六九年の「ゲット・バック・セッション」でもほんの少しだけ演奏されています。

当時のビートルズは、テレビで『ムーヴ・イット』が演奏されたとき、ハンク・マーヴィンのギター演奏を食い入るように見ていたという記録があり、ボーカル&インストゥルメンタルというクリフ・リチャード&ザ・シャドウズの演奏スタイルはビートルズにも影響を与えていました。

クリフ・リチャードは、現在でもトップテン・ヒットを放つ現役アーティストであり、ステージでは、昔とあまり変わらないスリムな体で歌い踊っています。二〇〇七年の来日時には六七歳になるのに、動きが敏捷《びんしょう》でびっくりしてしまいました。クリフは完全な菜食主義ではないのですが、「一日一食」を習慣にし、なおかつ菜食中心の食事による厳格なウェイト・コントロールで体形を保っているのだそうです。

●エルヴィスと同じ轍を踏まなかったビートルズ

私は現在、大腸内視鏡検査を主体とする消化器内科専門医として仕事をしています。ここ数年、大腸の病気とベジタリアンの友好な関係を知り、前出の『ビートルズでおなかスッキリ』という本を書く際、あらためてビートルズの食生活について興味を持ちました。

ビートルズは人生の後半、「菜食を中心とする食生活」を送っていたことから、彼らの歩んできたライフスタイル、そしてそれらを健康生活へと結びつける糸口を探すため、まとめてみようと考えたのです。

ライフスタイルの中でも大きな比重を占める食生活ですが、食習慣の違いによって、発症する病気が全く異なります。つまり、肉食が中心の食生活と菜食中心の食生活とでは、人生の後半、六〇～七〇歳代になってからの体調に違いが出てくるようなのです。

ポップなライフスタイルを提案し続けてきたビートルズですが、程度は別として最終的に四人とも菜食主義になりました。ライバルでもあったローリング・ストーンズですが、今やミック・ジャガーもベジタリアンというのはちょっと驚きです。さらにまた、マドンナも玄米を中心とするマクロビオティックの信奉者です。

マイケル・フランクス、ジョニー・リヴァースもベジタリアンであるし、ジャズ畑のデヴィッド・サンボーンは玄米主義だそうです。そして実践者は皆、スマートな体形を維持しています。

過去には、多くのポップスターが食事・酒・薬物などの影響で体調を崩していくという現実がありました。

最も有名なのが、一九七〇年代に亡くなったエルヴィス・プレスリーでしょう。彼のジャンクフードによる肥満は有名です。ポップミュージックが大好きな私は、長年、音楽を聴き続けてきましたが、ポップスターの多くが不摂生に陥る情報に接してきました。そうした中、ビートルズのメンバーが早い時期からベジタリアンに変化していったというのは、画期的なことです。

【コラム①】メタボリック症候群を甘く見てはいけない

近年、日本で問題になっている疾患のひとつとして、メタボリック症候群（以下、メタボ）があげられます。肥満やそれに伴う高血圧・脂質異常・耐糖能異常など、症状の重複が指摘されています。

メタボの診断基準は、ウエスト周囲径（男性八五センチ以上、女性九〇センチ以上。ただし最近では、男性九〇センチ以上、女性八〇センチ以上に変更する可能性に言及）、および以下の項目のうち二項目以上該当する場合、とされています。①高ＬＤＬ血症（一四〇mg／dl以上）、②高血圧（収縮期血圧一三〇mmＨg以上かつ／または拡張期血圧八五mmＨg以上）、③空腹時高血糖（一一〇mg／dl以上）などです。

このような疾患は、動脈硬化性疾患の危険因子として以前から知られており、一九八〇年代より「シンドロームX」や「死の四重奏」「マルチプル・リスクファクター症候群」「内臓脂肪症候群」など、さまざまな名称で呼ばれていましたが、現在ではメタボリック症候群という疾患名で統一されるようになりました。

メタボの診断基準は国によって異なり、日本の場合、肥満、特に内臓脂肪蓄積を重視している点に特徴があります。

このメタボですが、生活習慣病の重積で起こってくるとされており、肥満、高血圧、脂質代謝異常、食後高血糖などを発症し、いわゆる動脈硬化が進むことにより、虚血性心疾患（狭心症、心筋梗塞等）、脳卒中、心不全などに至り、同時に糖尿病を発症し、高血糖による細小血管障害が起こり、腎障害、網膜症などの併発に及ぶ、と言われています。最近の研究では、大腸ガン発症のリスクになることも指摘されています。

日本人のガン死の中で大腸ガンは、女性で一位、男性でも三位と増加しています（二〇一七年の調査）。大腸ガン発症のリスクは下腹部肥満（メタボ）以外に、肉類加工肉の過剰摂取、飲酒などによって高まります。アンチエイジングとして重要なのは、①カロリーの制限（カロリー・リストリクション）、②抗酸化物質の摂取、③腸内環境改善の三つです。

The Beatles at Table

第2章——結成からブレイクまで、疾走期の食生活

●バンド結成時の素朴な楽しみ

ポールの古い記憶では、家族四人で散歩帰りにエリザベス・コッテージというティー・ショップ（喫茶店）に立ち寄り、紅茶とホームメイド・ジャム付きのホーヴィス（イギリスのパンのブランド）のトーストを食べたそうです。ビートルズの食事に関する最も古い情報と思われますが、マッカートニー家もお茶の時間を楽しんでいたのですね。

その後、ジョンが結成したスキッフルバンド「ザ・クオリーメン」からスタートして、「シルバー・ビートルズ」へと移行する頃にはポール、ジョージもメンバーになっていました。この当時の日常生活に関する詳細な記録はあまり見かけませんが、意外なところで発見しました。

のちにジョンの最初の妻となるシンシア・パウエルの証言が彼らの食生活の一部を伝えています。例えば、ジョンが美術学校在籍当時、ポールとジョージの家は学校に近かったので、ランチのときにホタテのフライとフライドポテト（チップス）を買ってきてバンドのメンバーと食べてから練習をしていたそうです。リバプールは港町だったので、魚のフライばかりでなくホタテのフライもあったのでしょう。

また、シンシアがポールの家に遊びに行ったとき、ポールの父親のジムが食事を作っていて、そのメニューはリバプールではごく一般的なベーコンエッグにフライドポテト、そして煮豆という内容でした。

さらには、シンシアの著書『ジョン・レノンに恋して』（河出書房新社刊、二〇〇七年）によれば、ジョンと母親代わりのミミ伯母さん（母親ジュリアの姉）が、シンシアの家庭を訪れた際に用意されていたのは、サーモン・サンドウィッチとケーキ、そして紅茶でした。当時のイギリスの一般家庭の食生活がうかがえます。

こう見ていくと、イギリスの緯度が高いためか、緑黄色野菜（レタス、ブロッコリー、トマトなど）の記載があまりありません。イギリスは、一九七三年にEC（EUの前身）に加入してから、南ヨーロッパなどから多数の緑黄色野菜を買い入れるようになりましたが、現在でも野菜の値段が高い状況は変わらず、日本のようにいつでもどこでもサラダが食べられる状況ではないようです。

一九五九年になると、ジョンとポールとジョージはシルバー・ビートルズとしてスコットランド巡業を行なっています。このとき彼らは、一日にボウル一杯のスープで暮らしたという記録が残っています。

●ハンブルク巡業、ハードスケジュールの中で口にしていたもの

一九六〇年代の初めにハンブルクに演奏旅行に行ったときの記録が残っています。一回目のハンブルク公演の際に、写真家の卵だったアストリット・キルヒヘアや、のちに人気グループ、マンフレッド・マンのベーシストになるクラウス・フォアマンと知り合っています。アストリットは、当時ビートルズのメンバー（ベーシスト）であったスチュアート・サトクリフの婚約者となる女性です。

アストリットにインタビューしてまとめた『アストリット・Kの存在　ビートルズが愛した女』（世界文化社刊、一九九五年）の中で、アストリットによると、当時のビートルズにとって何にもまして耐えられなかったのは「食事」だったそうです。

朝食はハンブルクのグローセ・フライハイト通りにあるカフェで、ミルクをかけたコーンフレークやチキンやトマトのスープでした。時々、昼食時に町の大衆食堂に入ると、色あせた野菜や灰色の肉、酢の臭いが強いザワークラウトがテーブルに載っているのでした。

そんなとき彼らは、ハンブルク港の埠頭《ふとう》に「イングリッシュ・シーマンズ・ミッション（英国船員協会）」のハンブルク支部が存在するのを発見します。そこでは、安くておいしい「イギリス式の食事」が出されていたのです。シーマンズ・ミッションの館長が、ビートルズにこの施設を使うことを特別に許可してくれたおかげで、彼らはいちばん安い肉料理やフィッシュ＆チップスやサンドウィッチを求めて週に何度も来るのでした。

ハンブルクのカイザーケラーで演奏するミュージシャンは、量に制限はあったものの毎晩ただでビールを飲み、サラダを食べることができました。仕事以外の時間帯では、朝食はグローセ・フライハイトのカフェで食べるミルクをかけたコーンフレーク、昼食はダーフィッバッヒュ郊外の波止場ヨハミス・ボルベルク付近にある英国船員開学団体の宿舎の食堂で食べるフィッシュ＆チップスなどの軽食類でした。

　ハンブルクは港町で、ここでの名物は昔も今もカレイの料理です。ドイツではカレイをムニエルにしたり、ベーコンと一緒に焼いたりします。ちょっとしたレストランでは、カレイのソテーに細かく切ったベーコンを添えた「フィンケンベルダー風」の料理を出すそうです。

　しかし、ビートルズが食べたのは、カレイをただフライにしただけのものでした。ハンブルクの演奏は、一日に何ステージも行なうハードなもので、若いビートルズだからこそ続けられたのでしょうけれど、メンバー全員がほっそりとしている理由は、若さという以前に「満たされない食生活」が原因だったのかもしれません。

　裕福な家庭環境のアストリットの家に招待されたとき、ミルクティー、ベーコンの載った白いパン、ハムとチーズのサンドウィッチ、ハムエッグがテーブルに並べられ、メンバーたちはそれらをごちそうになったようです。このメニューは「イギリス式ティー」の内容でした。

　一回目のハンブルク巡業では、個々のメンバーがバラバラに帰国していますが、ジョンが帰国して、リバプール郊外にあるミミ伯母さんの家に着いたときの朝食のメニューは、エッグ・アンド・ポテトとコーンフレーク、それにミルクティーでした。これもある意味でイギリス式のブレックファストなのでしょう。

ハンブルク公演後、イギリスに戻ったビートルズの食生活は、フィッシュ&チップス中心のイギリス・スタイルが続きます。ちなみに彼らが出演して有名になったキャヴァーンクラブでのランチは、コーラとロールパンかサンドウィッチの「キャヴァーン・ランチ」でした。

なお、ジョンは、ビートルズがブレイクする以前に結婚しており、新妻シンシアとの食事では、インスタントのカレー料理（カレー粉を水で溶いて煮る）をよく食べていたと記されています。そして、バナナやピーナッツバターをはさんだパンを一緒に食べるのがお気に入りでした。ちなみにカレー粉というのは、インドには存在せず、イギリスで初めて作られたものです。

二回目のハンブルク巡業では、深夜までの演奏が連日続いたため、午後に起床し、ミルクをかけたコーンフレークを一皿食べ、たまに前述の英国船員協会で夕食にありつけるくらいでした。彼らはステージ上で大量のビールを飲み、無料で提供されたサラダを食べるという生活だったので、この頃の写真を見ると、メンバー全員が本当にスリムです。しかし、決して食生活が良かったわけではありません。

●一九六三年、イギリスで人気沸騰！　楽屋に並ぶコーラの瓶

ビートルズがレコード・デビューした頃のことで、断片的にわかってきた食事内容を検証してみます。

一九六三年頃、ロンドンのEMIアビーロード・スタジオでの録音の際、昼食時には各自がテイクアウトでフィッシュ＆チップス（白身魚のフライとフライドポテト）などを買いに行っていたようです。二曲目のシングル盤『プリーズ・プリーズ・ミー』が大ヒットし、いよいよこれからというときでしたが、まだ金銭的に余裕があったわけではなく、これが一般的なランチでした。

一九六三年当時、イギリス中の都市を公演して回っていたときの彼らはどんな状況

だったのでしょうか。『抱きしめたい　ビートルズ'63』（アスペクト刊、一九九八年）によれば、大都市以外のホテルではほとんどが午後九時でオーダーストップされるため、ベッドルームで食べるコーンフレークがビートルズの夕食となることも少なくなかったそうです。

ビートルズが大ヒットを飛ばし始めた年の最後のハンブルク公演のときです。一九六三年一二月二五日の公演（五度目）の際の、クリスマス・パーティーのメニューも紹介されています。

イギリスでは、一二月二五日に大勢で集まって大騒ぎするとのことで、そのときのメニューは、フィッシュ&チップス、ソーセージ、キドニーパイ（牛や豚などの腎臓が入ったパイ）、飲み物はビール、ジン、スコッチ、ウィスキーなどでした。

ハンブルクでのパーティーには、ジョン、ポール、ジョージ、リンゴ以外にも、元メンバーのスチュアート・サトクリフの恋人だったアストリット・キルヒヘアが参加していました。ビートルズがスターダムにのし上がっていくときでさえ、まだこの程度のメニューでした。

その後、『シー・ラヴズ・ユー』のセッションの際、ＥＭＩのスタジオの食堂でお茶とサンドウィッチで手早く腹を満たしていた、という記録が残っています（『ザ・ビートルズ・サウンド　最後の真実』白夜書房、二〇一六年刊）。これは、当時のＥＭＩ所属のバンドであればごく一般的なもので、クリフ・リチャード&ザ・シャドウズも食堂でお茶している写真が残っています。

一九六三年のビートルズは、ナンバーワン・ヒットをたて続けに出してイギリスでの人気も沸騰、国内の全国ツアーに出ることになりました。

一九六三年末に撮影された『THE BEATLES BACKSTAGE　ザ・ビートルズ　もうひとつの顔』（同朋舎出版刊、一九九四年）を見ると、ジョージがホットドッグを買って食べている写真が載っています。

彼らは出演の前には、フレンチポテトを付け合わせにした何か（例えば、フィッシュ）を楽屋に届けてもらって食べていました。

この写真集には、ジョンがフォークとナイフを使って一皿に盛られたフレンチポテト、豆、そしてソーセージを食べようとしている写真も載っています。皿の隣には、ペプシコーラの瓶が並んでいました。

●一九六四年、熱狂の全米ツアーと豪華なホテル食

一九六四年は、ビートルズがイギリス以外の国へ向けて本格的に進出していく年になりました。

パリ公演で、ポールは夜食にチーズ・サンドウィッチを注文し、ケチャップを塗って食べていました。彼らは、ほとんどの食事をホテル・ジョルジュ・サンクのスイートルームで摂っています。ポークか魚をメインに注文し、デザートにバナナ、パンケーキ等を食べていました（前出『抱きしめたい　ビートルズ'63』）。

一九六四年二月一六日には、いよいよアメリカ本土に上陸、テレビの人気番組『エド・サリヴァン・ショー』に出演し、全米中の若者をとりこにします。テレビ出演の前には、セントラルパークの湖畔で写真撮影が行なわれ、ジョン、ポール、リンゴはボートハウスに入ってチーズバーガーを食べ、麦芽入りのミルクを飲んでいます。

また、『エド・サリヴァン・ショー』のリハーサル後、彼らは「トゥエンティワン」というレストランに招待され、ポークチョップを食べています。そしていよいよ、一九六四年六月から本格的な全米ツアーがスタートします。

このツアーに出る前日にパーティーが開かれ、そこでは、サーロインステーキ、コードダック（アヒル料理）、ロブスターなどが出されています。

左記は、ツアー中の記録で判明したメニューです（前出『抱きしめたい　ビートルズ'63』）。

・一九六四年八月二八日　コーンフレーク、半熟卵、オレンジジュース、紅茶の朝食（ニューヨーク、デルモンコホテル）。

・一九六四年九月五日　チェックイン後、四人はステーキを食べ、記者会見に向かう（シカゴ、ストックヤード・イン）。

・一九六四年九月七日　チーズ・サンドウィッチ、カリカリベーコン、紅茶の朝食（カナダ、トロント）。

・一九六四年九月一一日　ローストビーフとマッシュポテトの夕食（フロリダ州

シャクリンヒル）。

このように、ホテルでのメニューは画一的であったようです。

一九六四年のビートルズ全英ツアー、ブライトン公演の楽屋での食事では、ステーキ、豆、チップス、といったものが毎晩のように続いたそうです。マネジャーのニール・アスピノールに言わせれば、メニューがほとんど同じ内容なのは、イギリスのパブで食べられる数少ないまともな料理だからである、とのこと。ただし、売れっ子になってきたビートルズには、ゆとりができてステーキのメニューが加わったようです。この頃からワインも飲み始めました。

●一九六四年、全盛時のメンバー白書

ここで、一九六四年に発表されたビートルズのプロフィールの一部を紹介します（『ニュー・ミュージカル・エクスプレス』誌より）。

☆ジョン・レノン

（サイズ）身長一七八センチ、体重七一・五キロ、胸囲九七・五センチ、ウエスト八〇センチ

（好きな色）黒

（好きな食べ物）カレー、ビーフステーキ、コーンフレーク、ポテトチップス（フライドポテト）、ゼリー

（好きな飲み物）ウィスキー、紅茶

（趣味）絵を描くこと、本を書くこと、昼寝、テレビ、カメラ、8ミリ、モデルカー、ビリヤード、映画、アンティック、ダンス、バッジ集め、ステッカー集め

☆ポール・マッカートニー

（サイズ）身長一七七・五センチ、体重七一キロ、胸囲九五センチ、ウエスト七五センチ

（好きな色）黒

（好きな食べ物）サーロインステーキ、チキン、ポテトチップス、クラフトチーズ
（好きな飲み物）ミルク、コーク
（趣味）作詞・作曲、カメラ、8ミリ、トランプ、映画、アンティック、競馬、デザイン、絵画、乗馬

☆ジョージ・ハリスン

（サイズ）身長一七七センチ、体重六四キロ、胸囲九五センチ、ウエスト七六センチ
（好きな色）黒、ブルー
（好きな食べ物）ラムチョップス、ポテトチップス
（好きな飲み物）紅茶
（趣味）車、ドライブ、カメラ、映画

☆リンゴ・スター

（サイズ）身長一七〇センチ、体重六〇キロ、胸囲八五センチ、ウエスト八二・五センチ
（好きな色）黒
（好きな食べ物）ステーキ、ポテトチップス
（好きな飲み物）ウィスキー
（趣味）車、ドライブ、ダンス、ビリヤード、テレビ、8ミリ、タップダンス、映画、チェス、トランプ、武器集め、ダーツ

体のサイズからすると、当時の彼らはメタボではありません。
彼らは四人ともステーキとポテトチップス（日本でいうところのフライドポテト）が大好きでした。現在の日本の若者がハンバーガーやフライドポテトを好むのと同じです。

ツアー、レコーディングと一年中働きまくったビートルズはクリスマス・イブにも

働くことになります。

一九六四年クリスマス・イブのショーを終えたあとの食事は、卵、ソーセージ、ポテトフライと豆というシンプルな内容で、従来どおりの典型的な食事でした。

デビューしてから二年経ち、大成功を手にしてからも、彼らは同じものを口にしていました。イギリスには伝統的な食事というものがあまりなく、その頃としては前述のような食事が当たり前でした。

●一九六五年、『ヘルプ!』撮影時の出来事

一九六五年の全米ツアーのバックステージのスナップ写真には、ビスケット、ペプシコーラ、フルーツ（グレープフルーツ、リンゴなど）、瓶入りオリーブなどがあり、それを見ているメンバーが写っています。

一九六五年三月一四日、映画『ヘルプ!』のロケ撮影でオーストリアへ向かいます。このとき、オーベルタウエル・アルプスのホテル・エーデルワイスのレストランで、

K・コールマンがポールにインタビューしたとき、ランチとして食べていたのは、アーティチョーク（チョウセンアザミの多年草）&サラミ、白ワイン、子牛の肉、ライス、洋梨のデザートでした（「ポール・マッカートニーと菜食」のサイトより）。

同年四月五日、『ヘルプ！』の撮影時、ロンドン西南部にあるトゥイッケナム・フィルム・スタジオにて、ビートルズは自分たちと東洋文化との結びつきを発見します。

インド料理店でのシーンの撮影待ちをしていた際、男がスープをひっかけられるシーンの後ろで何人かのインド人ミュージシャンが演奏していたのをジョージが見つけたのです。偶然の出来事でしたが、ジョージはシタールを取り上げ、それを抱えようとして「おもしろい音色だな」と思ったそうです。ビートルズと東洋の関係はこの偶然の出逢いから始まりました。

同年の冬、結婚する前のリンゴは夕食で卵やチップスを食べています。

一方、ジョン、ポール、ジョージは、それまで飲み物といえばウィスキーのコーラ割りだったのですが、その頃から有名ブランドの酒をバーで注文したり、レストランで良質のワインをたしなむようになっていきました。

●一九六六年、最後の「全英ツアー」は肉食中心の毎日

一九六五年一二月八日、ビートルズとムーディー・ブルースらが出演したショーの終了後のディナーは、ステーキと卵とポテトフライというおなじみのものでした。マンチェスター市長用のシティーホールの一室が、ビートルズとムーディー・ブルース一行のために用意されていました(『THE BEATLES ANTHOLOGY』リットーミュージック刊、二〇〇〇年)。

ポップスターとして大成功した人気者であっても、食事内容は意外とシンプルなメニューだったことがわかります。しかし、やはり肉食中心の食事であることには変わりなく、ツアー中は、「ステーキ! ステーキ! ステーキ!」なのでした。

以上のような記録を見てみると、二〇代の若者にとってはごちそうであるステーキを中心に、かなり高カロリーのものを摂っていたようです。つまり、肉類・乳製品中心の食生活ですが、当時のビートルズといえば、ますます多忙を極め、毎日のステージ、テレビ出演やレコーディングなどで働きづめだったからか、太る暇もなかったの

ではないか、と想像されます。

一九六六年当時、ポールは、毎晩、ロンドンのナイトスポットに出没しています。この時代は、ポールにとってのアヴァンギャルド（前衛）の時代でした。

ポールが出かけたナイトクラブ「バック・オ・ネイルズ」での食事は、ステーキ、フライドポテトと煮込んだ豆が定番でした。

ロンドンがスウィンギング・ロンドン（ビートルズ、ツイッギー、マリー・クワントなどストリート・カルチャーのメッカ）と称されていた一九六六年当時、ポールが頻繁に通っていたナイトクラブでの食事はたいていそのようなメニューでした。

一九六六年のドイツ・ツアー時の記録によると、朝食メニューは、フルーツジュース、コーンフレーク（メンバーのお気に入り）、ベーコンと卵、パン、コーヒーと紅茶でした。いわゆるコンチネンタル（ヨーロッパ大陸風）のものではなく、イングリッシュ・ブレックファスト（英国風）に近い内容です。

●一九六六年、日本公演時に加山雄三と食べたスキヤキ

ビートルズは一九六六年六月二九日に来日し、七月三日まで滞在しますが、宿泊していたヒルトンホテル（現・ザ・キャピトルホテル東急）でどのような食事をしていたのか、宮永正隆著『ビートルズ大学』（アスペクト刊、二〇〇六年）によると、次のようなものでした。

四人のメンバーは、武道館公演以外の時間帯は、ホテルのスイートルームに閉じこもっていたので、飲食はルームサービス中心でした。主にステーキを注文していたそうで、ソースにはマッシュルームやベアルネーズ（フランスの伝統的なステーキソース）を使ったのだそうです。また、シャトーブリアン（牛ヒレ肉のかたまり）を部屋に持っていって、その場で切り分けていたようです。

前菜として、カクテルソースやマヨネーズソースとともにシュリンプ・カクテルなども注文していたようで、この時点では、菜食主義の様子は見られません。なお、ルームサービスで、これらの料理を注文していたからといって、必ずしもそれがすべてメ

ンバーの口に入っていたかどうかは不明です。

来日初日には、当時、日本で人気絶頂だった加山雄三が彼らの部屋を訪れ、スキヤキを一緒に食べたそうです。ジョンは箸の使い方を知っており、さらに「床にこうして座って食べるのが正式だろ」とテーブルから首だけ出して食べようとしたそうです。

このとき加山は、自作の最新アルバム『ハワイの休日』を持参したのですが、彼らはすぐにレコードプレーヤーにかけて聴いた、とされています。

当時のイギリスには、『ハワイの休日』に収録されている『お嫁においで』『白い浜』『君の瞳の蒼空』といったリゾート・タイプの曲は、あまりなかったようなので、ちょっとびっくりしたのではないかと思います。ポールが「日本の曲っぽくないね」と言った、と加山は証言しています(『若大将の履歴書』日本経済新聞出版社刊、二〇一〇年)。

一九六六年六月ですから、ジョージはすでに菜食主義の洗礼を受けていたので、肉類はあまり口にしなかったかもしれませんが、その点に関しては不明です。

以上のことをまとめると、デビュー前のビートルズの食事は昼のフィッシュ&チップスに代表されるようなものでしたが、売れっ子になるにしたがって、ステーキ、ワインなど、平均的な英国人の食事より豪華なものに変わっていきます。日本人がイメージする肉類・乳製品中心の欧米食です。このような食事を摂り続ければ、次第にメタボになってしまうことでしょう。

若かりし頃、スマートで格好よかったアイドルやロック・スターが、今では見る影もなく肥満になってしまった例はいくらでもあります。例えば、米国のクロスビー、スティルス、ナッシュ&ヤング(CSN&Y)、英国のピンク・フロイドのメンバーなどは、スリムだった昔の面影は全くなく、現在の姿は巨体です。

【コラム②】一九六〇~七〇年代における「食と病気」の研究

一九六〇年代における「食と病気の関係」についてですが、一九六七年にアメリカの研究者であるワインダーなどが行なった七か国研究をもとに、日本、イギリス、イタリア等を含む一八か国の「脂肪摂取量と結腸ガン死亡数」を示した研究があります。

このデータは一九六七年の『ガン研究（Cancer Research）』誌に報告されました。それによると、一九六〇年代の日本人の一日当たりの脂肪摂取量は平均約一八グラム前後で、結腸ガン死亡数も人口一〇万人当たり約二・八人と非常に低い値でした。

それに反してイギリス人の一日当たりの脂肪摂取量は平均約六二グラムにもなり、結腸ガン死亡数は、人口一〇万人当たり約一二・八人と、日本の約四・六倍となるほどの高い数値でした。ところが、一日当たりの脂肪摂取量が平均五〇グラムと比較的高いイタリアでの結腸ガンの死亡数は約八・五人で、イギリスの約六六％という低い数値でした。

また、F・フィダンツァの一九八八年の研究（Federaz Medici）によると、ヨーロッパの地中海地域五か国（イタリア、スペインなど）と非地中海地域五か国で、四〇～五九歳の一万人の男性を対象に（平均年齢を同一にして）調査を行ない、一五年後にも再調査し、全死因、冠動脈疾患（ＣＨＤ）、非冠動脈疾患（非ＣＨＤ）の死亡率を比較したところ、非地中海地域の冠動脈疾患の死亡率が高いという結果が出ました。

つまり、バター、ベーコンの脂身、ラード、脂肪の多い肉類、チーズ、ケーキなどを比較的多く摂取する非地中海地域（イギリスや北ヨーロッパなど）では、オリーブオイルを主体に摂取する南ヨーロッパ（イタリアやスペインなど）よりも心疾患のリスクが高いことを示しています。

例えば、一九八〇年のギリシャのＣ・アラバニスによる調査では、クレタ島とケルキラ島の農村部に居住する四〇〜六〇歳の男性一二二五名を対象にした疫学的前向き（コホート）研究では、被検者は脂肪の摂取量が多かったのですが、脂肪のほとんどをオリーブオイルから摂取していました。また飽和脂肪酸（肉、乳製品、卵黄などに多く含まれる）と多価不飽和脂肪酸（青魚、大豆、クルミなどに多く含まれる）の摂取量はわずかでした。

その結果、一般に血圧は低く、血中の平均コレステロール値は二〇〇mg／dl（正常値は、二二〇mg／dl以下）であることがわかりました。また、中性脂肪値は一二五mg／dl、HDLコレステロール（いわゆる善玉コレステロール）は四八mg／dlと正常範囲内で、虚血性心疾患の発症等はきわめて低い値でした。

つまり、一九六二〜六六年頃までのビートルズの食事をさらに一〇年、二〇年続けていくと、どういうことが起こりやすいかというと、肥満、虚血性心疾患等の心臓疾患、大腸ガンなど、さまざまな疾患のリスクが増大することにつながります。四〇年後の二〇〇五年、ビートルズと同世代のイギリス人が六〇歳代となったときの罹患率を見ると、大腸ガンが非常に増えているのです。

The Beatles at Table

第3章——ビートルズ四人の「インドへの冒険」

ここからは、ビートルズ四人の「インドへの冒険」について触れてみましょう。ジョンもポールも新しいものが好きで、新しいライフスタイルへの挑戦の流れは彼らの食生活を知るうえでも重要となります。

まずは「前衛的なもの」に対する彼らの関心ですが、世間の見方とは反対に、実はジョンは保守的なものを好み、ポールのほうは革新的なものが大好きでした。

私たちの感覚では、ビートルズはサイケデリック・ムーブメントの際も前衛的な志向で作品を生み続けていたように思えます。そして音楽に対する革新性が彼らの創作意欲を広げ、さらにはメンバー自身のライフスタイルに大きく影響していくことになります。

●ジョンとポールの実験精神

意外なことに、ジョンはルールを曲げたり、破ろうとする意識的な知的試みについては警戒心を抱いていました。既存の概念を打ち破ろうとする行為は時に独りよがりになることもありますが、しかし、それでも有効であると彼が認めるようになるのは、ヨーコとの交流が始まってからでした。

前妻シンシアと住んでいたロンドン郊外ウェンブリーでの生活も、保守的な習慣を好んでいます。食生活も同様で、朝食の好みはシリアル、夜はステーキといった具合でした。

それに対してポールはどうだったのか。

ポール自身の発言によれば、次第に皆、ポップソングだけに目を向けるのではなく、さまざまなアーティストと交際するようになったそうです。当時、ポールはロンドンに住んでいたので、ギャラリーにもよく出向いていて、夜な夜ないろいろな場所に出かけていきました。

ほかのメンバーはすでに結婚して郊外で暮らしていましたが、ポールはロンドンに残り、ロバート・フレイザー（アート・ディーラー）、バリー・マイルス（ジャズ・ミュージシャン）といった友人や、『インターナショナル・タイムズ』のような新聞を通じて、アート・シーンにも精通するようになったそうです。

ポールいわく、ジョンが本当に興味を持つようになる前から、ずいぶん長い間、前衛的な分野には関心があったそうです。ジョンがあちこちのギャラリーへ顔を出すようになったのは、ロンドンへ戻ってきて、ヨーコと付き合うようになってからです。一九六六年八月に発売されたビートルズのアルバム『リボルバー』に収録された『トゥモロー・ネバー・ノウズ』は、ジョンのアヴァンギャルド精神が横溢《おういつ》している一曲です。

音楽における彼らの実験精神は当時のポップミュージックからすると、破天荒といえるものでした。でも、こうした音楽を発表したことで、一時的な人気アイドルから、歴史に残るスーパーバンドへとグレードアップしていったことは間違いありません。

●ジョージの及ぼした大きな影響

一九六三年、大成功を収めたビートルズは、一〇月以降、本格的なツアーとレコーディングに追われる生活になります。ツアーもイギリスから世界各国へと拡大、特に全米ツアーのときには、ホテルから演奏会場、そして次のホテルからまた次の演奏会場へと、ほとんど室内に閉じ込められる生活になっていきました。

彼らがダイエットをしたとか、積極的に運動をしたなどという記録はほとんど残っていません。すでに述べたとおり、ステーキやソーセージ、卵などや乳製品中心の高カロリー食、高脂肪食を摂り続けることとなります。

その結果、映画『ヘルプ！』の撮影が開始された一九六五年二月頃には体がふっくらとしてきた、とジョンが指摘しています。四人は、まだ二〇代でしたから、顕著な肥満には結びつかなかったようですが、この生活が三〇代まで続いていたら、もっとずっとふっくらとしていたかもしれません。

前述のごとく『ヘルプ！』を撮影しているとき、インド料理店のシーンがあり、そこに置かれていたシタールがジョージの興味を惹《ひ》きました。

ジョージはジョンの作った名曲『ノルウェーの森』でシタールを弾いていますが、ジョージのインドへの傾倒は、シタールから入ったものでした。

ジョージがインドへ興味を持ち始めると、ジョンもそれに続き、ポール、リンゴも追随しました。

ジョージがほかのメンバーに与えた影響はそれ以外にも見られ、ジョージが口ひげをはやせばジョン、ポール、リンゴも同じようにする、といった具合でした。きっかけは、ジョージがインドに行く前にシタール奏者のラビ・シャンカールからの手紙ですすめられたことでした。これがほかの三人に伝わり、さらには世界中の若者へと広まっていったのです。当時の若者にとって、ビートルズの影響力はすさまじいものでした。

●ジョージのインド体験がもたらした「食」への意識改革

一九六二年以来、仕事のない日を除けば、いつでも呼べば聞こえるほどの近い距離に四人はいたので、ビートルズの一人が「あること」を始めると、ほかの三人も興味を示すというパターンができていました。血のつながりよりも「ビートルズ」としての結束のほうが強かったのでしょう。

このような行動パターンについて、ジョージの元妻パティ・ボイドは次のように指摘しています（『パティ・ボイド自伝　ワンダフル・トゥデイ』シンコーミュージック・エンタテイメント刊、二〇〇八年）。

「ある意味で、彼らはまだ子供でした。友達らしい友達といえば、ビートルズのほかのメンバーくらいで、何か質問されればグループとして答えなければなりませんでした。常にメンバー同士、波長を合わせていくわけです。誰かが、ギャラリーのオープニングに行くといえば、メンバー全員で出かけるのです。誰かが新しい車や家を買えば、全員が買いました」

ですから、ジョージがインドへ行くとなれば、ほかの三人も行動を共にすることになり、ジョージが菜食主義を提唱すれば、ほかのメンバーも追随することになったのです。

フィリピン公演のあと、ジョージに誘われて全員で数日間インドを訪れることになります。帰国後もジョージのインド熱はさらに高まり、あるときはジョージとパティの二人だけでインドを訪れています。この頃を境としてジョージの食生活は菜食中心に変わっていきました。

ジョージは、インド流に手で食べることも覚えました。一九六六年の秋頃には、ローストナッツに肉抜きのカレーから始まって、パコラ（スパイスが香ばしい野菜のかき揚げのようなもの）、サモサ、牛乳の甘味菓子であるラサムライ、バラの香りのする水でヨーグルトを薄めたラッシーなどを食べています（「ポール・マッカートニーと菜食」のサイトより）。

もともと細身なジョージとパティはスリムな体形を維持していました。まだメンバーの結束が強かった頃なので、ポールは婚約中だったジェーン・アッシャーと二人でベジタリアン・レストランにも出かけ、ある時期ベジタリアンの食事に挑戦していました。

一九六七年の夏、マネジャーのブライアン・エプスタインがアルバム『サージェント・ペパーズ・ロンリー・ハーツ・クラブ・バンド』の発売を記念して、メンバー中心のパーティーを開いています。

出席者の一人は、「ジョンはやつれ、病的に老けて薬に溺れているようだと指摘されていて、食も細く菜食中心のダイエットをしている」という話を聞き出しています。ジョージが始めたベジタリアンの食生活は、ポールやジョンにも影響を及ぼしていたことがわかりますが、このときの食事改革はポールもジョンも長続きしませんでした。

●『愛こそはすべて』とドラッグ文化への失望

前衛音楽への挑戦から始まった「心の解放」は、サイケデリック・ミュージックへと広がっていきました。

一九六七年、『サージェント・ペパーズ・ロンリー・ハーツ・クラブ・バンド』が発売された年は「**サマー・オブ・ラブ**」の年ともいわれ、先進資本主義国家の中で、新しい生き方を求める若者の動きが大きなうねりとなって花開いた年でもあります。

同年六月二五日には、ビートルズが世界二四か国を結ぶ初の衛星中継番組「アワ・

ワールド」で『愛こそはすべて』を歌い、世界中にラブ（愛）のメッセージを送っています。

同年八月、ジョージはラビ・シャンカールのコンサートを聴くためにロサンゼルスへ行き、さらにはヒッピーのメッカとなっていたサンフランシスコのヘイト・アシュベリーを訪れています。

ジョージはサンフランシスコまでリアジェット（プライベートジェット）で行きました。ビートルズの広報担当デレク・テイラーが、あるディスクジョッキーと引き合わせるというので、空港からリムジンでラジオ局へ直行、そのＤＪから何かを混ぜたドラッグをもらい、そのあとヘイト・アシュベリーへ向かいました。

ジョージはすばらしい場所を想像していたようですが、実際にヘイト・アシュベリーを訪れてみると、ドロップアウトしてドラッグ漬けになっている人たちがゾロゾロいるばかりで、そのおぞましさにいっぺんで嫌になってしまいました。ヒッピーのメッカは荒廃した町と化していて、ホームレスや落ちこぼれがあふれていたのです。

多くは年若い人たちで、彼らはＬＳＤのメッカであるこの地に全米から押し寄せていました。ドラッグ漬けになった人々を見たジョージは大きなショックを受け、まがいものの楽園に幻滅したのです。

その後、ジョージはドラッグと縁を切ります。そして、関心はますますインドのほうへと向かい、本格的に瞑想の世界へと入っていくようになりました。「心の解放」をドラッグにも求めていましたが、ドラッグ世界の現実を見て失望したのです。

ジョージの瞑想への思いは現在、世界中に広がっている「**マインドフルネス**」という概念への欲求と似ているのかもしれません。

【コラム③】インドを理解するための基本的知識

ここでインドのことを理解するために、歴史書を繙《ひもと》いてみたいと思います。

諸説ありますが、インドの始まりは四五〇〇年前に遡《さかのぼ》ります。紀元前二五〇〇年から二三〇〇年にかけてインダス文明が起こりました。その後、紀元前一五〇〇年頃に中央アジアにいたとされるアーリア人がインド西北部から入り、インド亜大陸（インド半島）に定住しました。その結果、アーリア社会の持つ特徴がインド亜大陸に根付き、その影響は現代に至るのです。

その後、一五二六年にムガル帝国が起こりましたが、イギリスは一六〇〇年に東インド会社をつくり、インド進出への足がかりとしました。

さらにその後も中・南インドに起こったマラータ王国を一八〇三年に攻め滅ぼし、一八五八年、イギリス統治による英領インド帝国としたのでした。この支配は一九四七年まで続くことになります。

その結果、イギリス人のインド移住が頻繁になり、インド生まれのイギリス人スターまで誕生することになります。その代表が、一九五八年にデビューし、現在でもイギリスの国民的スターと称されるクリフ・リチャードです。

話が少しそれましたが、当時の状況からインド文化がロンドンに届いても不思議ではありません。

インドの宗教は、八〇％以上がヒンドゥー教といわれています。ジョージの作品に登場する「クリシュナ」というのはヴィシュヌ（維持神）の化身といわれています。これは神話のひとつです。キリスト教と異なりヒンドゥー教は多神教で、三大神としてブラフマー（創造神）、ヴィシュヌ、シヴァ（シバ。破壊神）が有名です。

「聖なるもの」として有名なのが牛です。聖牛ナンディンのように牛はシヴァ神の乗り物として知られています。それ故にヒンドゥー教では牛を食べません。

また、「輪廻転生《りんねてんしょう》」という考え方は古代インドにその起源を見るとされていて、インダス文明を作り出した先住農耕民族と侵入者である遊牧民（アーリア人）が融合して生まれた思想のようです。この考え方は仏教にも影響を与えています。

The Beatles at Table

第4章——インド体験と「心の旅」

●瞑想と菜食から生まれた傑作アルバムと名曲

一九六八年二月、ビートルズの四人は瞑想を正式に学ぶため、インドの「トランセンデンタル・メディテーション」の創立者マハリシ・マヘーシュ・ヨーギーのもとを訪れることになりました。

四人の目的は、瞑想を深め、この思想を多くの人に伝えられるよう、きちんと学んでおくことでした。メンバーのパートナーたちは、マハリシによる「超越瞑想（ＴＭ法）」の指導を受けるため、ヨガの聖地、インドのリシケーシュに赴きます。

リシケーシュでは、毎日二回の講義（各九〇分）以外はほとんど瞑想に充てられたそうです。食事は次のような内容でした。料理はオーストラリアから来た二一歳の青年二人が作ってくれました（前出『THE BEATLES ANTHOLOGY』）。

【朝食】コーンフレークに、パフウィート（シリアル）かポリッジ（オートミールを牛乳で煮込んだもの）。

飲み物はフルーツジュース、紅茶、コーヒー。トーストにマーマレードかジャム。

【昼食・夕食】スープと菜食主義者用のメインコース（スパイスを用いた料理）。たっぷりのトマトとレタスサラダ、カブ、ニンジン、ごはんとジャガイモ。

肉類のない菜食中心の料理でしたが、だいぶ前から肉食をやめていたジョンとジョージは、このメニューに満足しています。ジョージはヒンドゥー教の教えに基づきベジタリアンになり、ジョンもポールもリンゴも、この期間は菜食で過ごしています。

ただし、リンゴはタマネギやニンニクのほか、スパイスなどの刺激物を全く受けつけない体質なので、カレー風のスパイシーなインド料理が口に合わず、ハインツの缶詰のベイクドビーンズをスーツケースにいっぱい持参してそれを食べていましたが、途中で帰国してしまいます。ただし、朝食後の瞑想やマハリシの講義には参加していました。

ポール・サルツマンというカナダの写真家が一九六八年のインド滞在中のビートルズを撮影した『The Beatles in Rishikesh（リシケーシュのビートルズ）』（Avery, 2000）という写真集があります。掲載されている写真の中に、ギターを持ったジョンと歌っているポールの横顔をとらえたものがあります。

このときのジョンは、黒目の部分が普段よりも大きく感じられ、とても穏やかな表情をしています。ほかの写真では認められない表情ですが、インドにおいてリラックスモードに入っていたため、副交感神経が優位となり、眼孔がやや散大傾向にあったためかもしれません。

おそらくポールもジョンも瞑想することで、一時的にせよリラックスモードに入れたのだと想像されます。インドで作られた主な曲は、その後、ジャケットが真っ白なことで知られる『ザ・ビートルズ』（一九六八年一一月発売）の二枚組アルバムに収録されました。

このアルバムの表紙が白いことに関してさまざまな推測がなされていますが、本人たちの言葉で説明されない限り、真実は解明されないでしょう。私の考えは、インドで瞑想を学び、「無」の境地を象徴する「白」を強調するため、「ホワイト・アルバム」と称されるようなジャケット・デザインになったのではないか、というものです。つまり、このアルバムは「瞑想から生まれた産物」と言っても過言ではないでしょう。

ジョンのソロ時代の曲として知られる『ジェラス・ガイ』の歌詞は「自分を解放するのは簡単なこと　なぜなら僕は大いなる自然の一部」というものですが、この曲の原型はすでに「大自然の子」というタイトルでインドで作られていました。『ジェラス・ガイ』同様、『アクロス・ザ・ユニバース』（アルバム『レット・イット・ビー』に収録）もインドで作られたそうなので、この美しいメロディーを持つ二曲はジョンが瞑想の世界に入り、そこから生まれた二大傑作と言えるでしょう。

また、ポールも『マザー・ネイチャーズ・サン（母なる大自然の息子）』（アルバム『ザ・ビートルズ』に収録）という曲を書いており、ポールとジョンは、インドで同じ心境に達していたのかもしれません。

一九六八年二月のインド滞在中に生まれた多くの曲は、イギリスに帰国後、サリー州イーシャーにあるジョージの自宅でデモ録音が行なわれました。

●マントラ瞑想法とマインドフルネス

ビートルズの四人がインドで習った「マントラ瞑想法」ですが、マントラ（真言、一種の呪文《じゅもん》。サンスクリット語で、本来は「文字、言葉」の意）を用いる方法です。人間は長時間にわたって無念無想ではいられないので、何かひとつのことに集中したほうが瞑想法としては効率が良くなります。そこで、心の中で呪文を唱え続けるとよいのだそうで、「ナ・ダーム」という言葉が瞑想には適しているそうです。具体的には、以下のとおりです。

①背筋を伸ばして椅子に座り、眼を閉じる。
②静かに腹式呼吸を行なう。
③額に注意を集中し、それを額から順に下げていく。体の部位が上から下に順を追ってリラックスしていくことを想像する。

なお、マントラ瞑想法の一種で、ＴＭ法というものもあります。指導者に決めてもらったマントラを唱えながら、作法に従って座り、朝晩二回精神統一するという方法です。

数年前から日本でも「マインドフルネス瞑想」が語られることが多くなってきました。「マインドフルネス」の概念とは、今この瞬間の感覚・感情・思考に気づき、ありのまま受け入れる瞑想法です。リラクゼーション法の一種といえるかもしれません。

ビートルズの四人も精神世界を探究するため、インドのリシケーシュに行って、毎日のように瞑想を行ないました。彼らの瞑想が、「マインドフルネス瞑想法」であったかどうかは定かではありませんが、ふだん彼ら四人が暮らしている場所から物理的に隔離され、「現実とは別の世界」に近づいたのではないかと思います。

ビートルズがマハリシから教えられた「TM法」は、各自に与えられたマントラを心の中で唱えながら、雑念を消していくのだそうです。「マインドフルネス瞑想法」とは方法論に違いがあるかもしれませんが、瞑想によって「あるがままの自然な状態」に行きつくという目的は共通しているようです。

一九六八年当時、前述の写真家ポール・サルツマンは、インドのリシケーシュに滞在し、ビートルズと一緒に瞑想を行なっていたそうです。

写真集の中のポールやジョンは白い衣装を身に着けています。ゆったりとした時間を過ごす中で自分を見つめ直すことができ、結果的に、心の中から自然に湧き出たような曲が、数多く誕生することになったのでしょう。

【コラム④】瞑想法について

「瞑想法」について簡単に述べておきます。
「瞑想」とは、座禅的表現で言うと、
①調身（身体を整える）
②調息（息を整える）
③調心（心を整える）
という三つの要素から成り立つのだそうです。

「調身」の目的は、体をリラックスさせることにあります。筋肉からの刺激や触覚、視聴覚など五感からの刺激を極力少なくし、脳を安静状態に導きます。

「調息」の目的は、腹式呼吸により精神の安定を図ることにあります。呼吸を整えることで、自律神経のコントロールがある程度可能となることを応用しています。腹式呼吸をすることで、上半身に集中しがちな意識を下半身（腹部）に導きリラックスを図るのです。

「調心」は瞑想本来の目的と言っても過言ではなく、この状態を「変性意識状態」と呼びます。また自律訓練法の用語では「受動的注意集中状態」とも言われています。


具体的な瞑想法ですが、最もシンプルなのは、誰にでもすぐに取り組める「静座法」で、次のように行ないます。
①静かに座り（できれば正座で）、眼を閉じ、背筋を自然に伸ばす。足が痛ければ椅子に座る。

②静かに呼吸する（できれば腹式呼吸で）。
③自然にしていればよい。
時間は一五〜二〇分ほどで無理に長くせず、慣れてきたら自然に延長していきます。

The Beatles at Table

第5章——ジョージの抱えていた葛藤

●ジョージが生涯貫いた菜食生活

ジョージはビートルズの中では最も早く東洋思想の影響を受け、一九六六年前半には菜食主義者になっていたと言われています。

ジョージの元妻、パティの著書、前出の『パティ・ボイド自伝 ワンダフル・トゥデイ』の中で、彼女は興味深いことを述べています。

彼女は、イングランド北部出身のジョージが好みそうなシェパーズ・パイ（パイ皮がマッシュポテトで作られたミートパイ）やロースト・ビーフにヨークシャー・プディング（シュークリームの皮のようなもので、肉料理の付け合わせとして用いられる）、などにトライしたそうです。

ジョージとパティがベジタリアンになるきっかけは、食肉用子牛の飼育に関する本をくれた人がいて、牛の赤ちゃんがいかに残酷な扱いを受けているかという現実を知ったことで「肉を食べない」ことに決めたようです（ポールとリンダが菜食主義になったきっかけと似ています）。

それ以降、パティは、二人が以前住んでいたイーシャーの自然食品店で、穀類・豆類・野菜・果物を買い求め、ジョージが家にいるときは、午後の紅茶を飲み、夜は八時過ぎに夕食を摂っていたそうです。一日一食だったのかもしれません。

彼女の見たハリスン家の「お茶の習慣」は、コールドハム（生ハムの一種）かポークパイ、半分に切ったトマト、ビートのピクルスにサラダクリーム、ホワイトブレッドの薄切り等が並んでいました。それらを午後六時頃に食べ、そのあとしばらくして紅茶とビスケットが出てくるのでした。

ジョージはあまりお腹《なか》がすかない人だったようで、ジョージとパティの一日は、朝は紅茶一杯、食べても目玉焼き、昼は食事抜きといった具合でした。

ジョージがベジタリアンになるきっかけはパティからの要望でしたが、彼が**死ぬまで菜食主義を貫いたのは、インドとヒンドゥー教の影響**でした。

ビートルズが設立したレコード会社「アップル」のプロモーション・マネジャーだったピート・ベネットの証言によれば、ジョージがスタジオで仕事をしているときのこと、スティック状のニンジンやセロリ、生のブロッコリーなどを載せた盆を持ってパティが現われ、その場にいた仲間にも生野菜をすすめていたそうです。

ジョージは一九六六年六月に初めてラビ・シャンカールと出逢い、七月四日のビートルズのフィリピン公演の翌日にインドに立ち寄り、六日にシタールを買っています。ビートルズはこの年の八月二九日を最後にライブ公演をやめてしまいますが、おそらくその後のことを考えたジョージの行動だったのかもしれません。

ライブ中心の生活で疲れ切っていた心を癒やすためだったのでしょうか、九月一四日から一〇月二二日までの六週間弱、パティとインドを訪れ、ボンベイ（現・ムンバイ）でラビ・シャンカールにシタールのレッスンを受けています。

出発前にラビ・シャンカールからの手紙で口ひげをはやすことをすすめられたことで、インド滞在時の写真ではひげをたくわえたジョージの姿を見ることができます。シタールのレッスンや演奏を通じて、ジョージはますますインド的な思想へと傾倒していきました。

イギリスに帰国後の一〇月三一日には、ラビ・シャンカールを自宅に招いています。

●インド音楽と東西融合への道

インドに傾倒していた頃のことを、ジョンもポールも口をそろえて、「瞑想法を習ったことは有意義だった」と述べています。

ビートルズのメンバーは、リシケーシュを訪れたことで本格的な菜食主義に触れ瞑想法を学びます。一九六八年一一月に発表された二枚組のアルバム『ザ・ビートルズ』に収録された曲の多くがこの地で創作されています。つまり、**心は瞑想法、体は菜食主義でリラックス**させ、自分たちをさらにクリエイティブにすることができたのです。

ジョージがインドに向かった目的のひとつは音楽を学ぶこと、もうひとつはインドという国を体感することでした。

ジョージが初めて聴いたインド音楽は、ラビ・シャンカールのアルバムでした。のちにジョージは、インド音楽は「精神世界への踏み台」のようなものだと悟ります。自分で演奏するようになると、それが技術的にも精神的にも最高の音楽だということがわかったそうです。

頭の中ではまだ理解できなかったけれど、感じることで心の中ではわかったような気になっていきました。ラビ・シャンカールは、おそらくジョージの人生に最も影響を与えた人物といえるでしょう。「ラビ・シャンカールは父親のような存在であり、そして精神面での導師でもあった」とジョージは述べています。

ジョージはヨガについても大きな関心を持ちました。知りたいという気持ちはずっとあったので、インドに行きすっかり気に入りましたが、そこで出逢った人たちのほとんどがヒンドゥー教徒でした。こうした自然な流れの中でヒンドゥー教と関わり合うようになった、とジョージは述べています。

そしてジョージはヒンドゥー教の教えに従って菜食主義者となります。さらに、キリストやキリスト教について学び、キリストが何者であるのかを理解するようになった、とも述べています。

このような過程を経て、ジョージはインドの音楽・歴史・哲学に対して、大きな敬意を捧《ささ》げるようになりました。ジョージの心の中では西洋と東洋が共に近い存在になり、それぞれのすばらしさを補完し合えるようになったのです。

●ジョージの新境地の源泉となったもの

ビートルズがツアーをやめようとしていた頃のジョージの苦悩が、彼をインドへと導いていったのですが、世界一のバンドになった半面、ツアーとレコーディングに明け暮れ、心と体を休める暇もなく活動を続けているうちに、生き方の方向性を見失うことがあったのでしょう。

世界一のバンドの中にいても、ジョン・レノンとポール・マッカートニーという巨大な二つの才能の前では、表面的には同等という立場でも、公平というわけにはいかなかったようです。レコーディングにおいても多くはレノン＝マッカートニーとクレジットされた曲で、ジョージ創作の曲はわずかでした。

曲の問題だけでなく、演奏面においても、ポールとのいさかいがあったりして、ジョージの不満は次第に増幅していきました。

一九七〇年四月、ポールの「脱退宣言」によりビートルズは解散への道をたどることになりますが、七か月後の同年一一月、ジョージは三枚組アルバム『オール・シングス・マスト・パス』を発表し、それまで抱えていた鬱積《うっせき》を一気に吐き出します。

このアルバムには『マイ・スウィート・ロード』や『美しき人生』など、歌詞の面でもインドの影響を受けている曲があります。アルバムは全米・全英のアルバムチャートで一位となり、ジョージへの評価も一気に高まりました。

一九七三年六月に、精神世界（スピリチュアリズム）をテーマにした『リヴィング・イン・ザ・マテリアル・ワールド』というアルバムをリリースしますが、ここには、リアリズムやインドの「マーヤー」（神秘的な力、幻影）の考え方がちりばめられていました。インドはジョージの人生をリセットさせるほどの影響を与えていたのです。

●インド料理とクリシュナ信仰による節制

ジョージはイギリスに帰ってから、インド料理のベジタリアン食やイギリス風のベジタリアン食を摂っていました。一九六九年には、ジョージとパティはロンドンから列車で一時間ほどの郊外（ヘンリー・オン・テムズ）にある大豪邸に移り住みます。

フライアーパークと名付けられた豪邸には、二五部屋のベッドルーム、舞踏室、応接間、ダイニングルーム、書斎、巨大なキッチン、大ホールに手の込んだ彫刻さえ設《しつら》えられ、フォーマル・ガーデンは一二エーカー（約四・八六万平方メートル）、敷地は二〇エーカー（約八万平方メートル）という広さでした。

その写真の一部は前記のアルバム『リヴィング・イン・ザ・マテリアル・ワールド』のライナーノートに掲載されています。パティはその邸宅で料理に熱中、二人は菜食主義を続けていましたが、ワンパターンにならないようソース作りに凝りました。

彼女は、材料を仕入れに車でヘンリー・オン・テムズの中心街まで出かけ、レアチーズ、珍しい野菜、さまざまな形のパスタ、さまざまな国の米、果物、ナッツ、豆類、オリーブオイル、ビネガー、各種スパイスなどを買い込み、これらの素材を使ってソースを作り、ディナー・パーティを開くときには一緒にワインを飲みました。

一九六九年の「デラニー&ボニー&フレンズ」のツアーのときにはベイクドビーンズとフライドポテトを食べていたことや、一九七一年の「バングラデシュ難民救済コンサート」の際には、楽屋にインド風のベジタリアン食が差し入れされていた、と

『ジョージ・ハリスン』（プロデュース・センター出版局刊、二〇〇二年）に記されています。

ラビ・シャンカールの甥で、クマール・シャンカールがフライアーパークに住むようになると、ジョージとパティのために彼がインド料理を作ることもあったそうです。

『リヴィング・イン・ザ・マテリアル・ワールド』には演奏メンバーの食事中の写真が掲載されていて、食材も写っています。テーブルには、パン、ワイン、フルーツなどが載っていますが、肉類などは見当たりません。

一九六九年、ジョージはクリシュナへの信仰を深めていきます。「ラダ・クリシュナ・テンプル」という寺院を創設したA・C・バクティヴェーダンタ・スワミ・プラブパーダ尊師にめぐりあい、ジョージは彼を尊師として絶対視するようになります。ジョージは大ヒット曲『マイ・スウィート・ロード』の中で「ハレー・クリシュナ〜」と何度も繰り返して歌っていますが、ハレーは尊称、クリシュナはヒンドゥー教の神のひとつです。プラブパーダ尊師とクリシュナへの敬愛はプラブパーダが亡くなる一九七七年まで続きます。

プラブパーダのもと、食事に関しては肉、魚、卵を食べることが禁じられ、アルコールも禁止されていました。さらに、無用なセックスも禁止、子供を作る目的以外は性行為も禁止するという厳しい内容でした。「無意味に性欲を高める」と考えられていたコーヒー、紅茶、チョコレート、ニンニク、タマネギを口にすることも禁止されていました。ジョージは、この厳しいクリシュナ信仰に傾倒していきましたが、パティとの間にはやがて心の溝ができ、結局別れることになってしまいます。

ジョージは、自分で料理をすることを身につけたと述べていますが、それはインド風のベジタリアン料理だったそうです。「野菜以外の食べ物も好きだけど、自分はベジタリアン」と、はっきり語っています。一九七〇年代中頃に撮られた上半身裸の写真がありますが、お腹がへこんでおり、メタボとは無縁なのがわかります。ジョージ自身、自分がスリムでいる理由は食事にあることを認めています。

●ジョージの再婚とメキシコ料理

その後、ジョージは、メキシコ系アメリカ人のオリビア・トリニアード・アリアスと再婚します。彼女もジョージの思想に共鳴していたので、二人の生活は子供の誕生とともに親密さも増し、ジョージの心を満たしてくれました。食事はほとんどオリビアが作っていて、メキシコ風ベジタリアン料理が得意だったようです。

メキシコ風ベジタリアン料理といっても、イメージが湧かないかもしれませんので、リンダ・マッカートニーとピーター・コックスの共著『リンダ・マッカートニーの地球と私のベジタリアン料理』（文化出版局刊、一九九二年）の中から、「メキシコ風」と書かれた料理を二品紹介します。

まず「豆のタコス」です。タコスの皮は、日本でも手に入りやすくなり、タコスがポピュラーなメキシコ料理であることは知られるようになりました。

タマネギ、グリーンチリ、トマト、レモンの搾り汁などを用いてソースを作り、中身の具はオリーブオイル、缶詰のマッシュドビーンズ、チェダーチーズ（すりおろし）、レタスなどを合わせてタコスの皮で巻けば、できあがりです。

もう一品は、「カリフラワーのメキシコ風グラタン」です。グラタンの中身は、カリフラワー、トマトソース、ケイパー、タマネギ、パセリ、生パン粉、チェダーチーズ（すりおろし）などを用います。これもおいしそうです。

たまには、ジョージもチーズとマッシュルームのオムレツを作ることがあったそうで、プラブパーダ尊師が亡くなった一九七七年一一月以降、厳格なクリシュナ信仰の生活も少しずつゆるやかになっていったようです。

●ミュージシャンとしての復活と穏やかな日々

最初の妻パティとの別離前後には、一時的にアルコールに依存することもあったほど精神状態は不安定でしたが、一九七八年にオリビアと再婚、一児ダニーを授かった頃は、幸福の絶頂でした。しかし、一九八〇年にジョン・レノンが射殺されると、得体の知れない不安感に悩まされ、一時的にせよ薬物に手を染めたこともありました。

一九八〇年代のジョージは音楽的に低迷した時期でしたが、一九八五年一〇月、テレビ番組用のロカビリーセッションで、カール・パーキンスと共演、これがジョージ再起のきっかけとなります。『ブルー・スウェード・シューズ』など、ビートルズの原点となったロックンロールを演奏することで生気を取り戻したのです。

一九八七年には、アルバム『クラウド・ナイン』をリリース、シングルカットされた『セット・オン・ユー』が全米ナンバーワンに輝きます。発売時、四四歳だったジョージですが、その頃の写真では、以前と変わらずスリムな体形が保たれています。

その後、ボブ・ディランやロイ・オービソンらのスーパースターたちと新たに結成したバンド、トラヴェリング・ウィルベリーズのアルバムをリリースしたり、日本での公演を行なうなど音楽活動を続けます。一九八八年の記者会見で、ジョージはこの当時の「典型的な一日」について、次のように話しています。

「ある一日は、起きると庭を走って、スコットランド風のオートミールのポリッジを食べてから、レコーディング・スタジオに向かい、お腹がへるとベジタリアン・レストランに出かけ、戻ってからやり残した仕事を片付け、そして就寝」

四五歳になっていたこの時点でも菜食主義を続けていたことがわかります。一九九一年に来日したときのコメントでは、菜食主義に関わるようなコメントは見当たりませんでしたが、彼のまじめな性格からすると、亡くなる直前までベジタリアン生活を続けていたと思われます。

●咽頭ガンの発覚と療養生活

一九九六年七月、ジョージは五三歳のときに咽頭ガンの手術を受け、その後、放射線療法を受けています。咽頭ガンの原因は明確になっていませんが、ジョージがかつてヘビースモーカーだったことからタバコの関与が指摘されています。

術後の経過も良好で、一九九八年五月、アメリカのメイヨー・クリニックで検査を受け、「心配なし」と診断され、同年六月、ジョージは「ガンの疑いのあった喉のしこりはタバコが原因」という声明を発表しています。

二〇代までヘビースモーカーだったジョージですが、ヒンドゥー教の影響を受けてからは禁欲的な生活を続けていたので、原因はタバコだけとも言い切れないかもしれません。

同じ月に発表された『ニュース・オブ・ザ・ワールド』紙の「ビートルズ　ジョージ〜ガンとの闘い」という記事の中で、ジョージは放射線療法などの術後のつらい闘病生活についても語っています。

その後、二〇〇一年五月には、アメリカで肺ガンの手術を受け、イタリアで静養中であると発表されています。二〇〇一年一月になってガンが進行したため再入院、一一月二二日には、ポールとリンゴが見舞いに訪れ、これが結果的に三人が顔を合わせる最後の機会となりました。そのとき三人は抱き合って号泣しながら別れたそうです。二〇〇一年一一月二九日、ジョージはロサンゼルスで死去、享年五八でした。

亡くなったのは本当に残念ですが、彼が後年まで続けていた菜食中心の食生活が命を短くしてしまったわけではない、と私は考えています。ガンの元凶がタバコだったのかどうかは確定できませんが、比較的早い時期にやめていたので、これも判断はむずかしいところです。

死という運命はいつ訪れるのかわかりませんが、やはり五八歳というのは早すぎる気がします。

ジョージは晩年、クリシュナ信仰からは離れていったように見えましたが、ラビ・シャンカールとは密接な関係を保っていました。ジョージが亡くなるときに看取《みと》った人の中に、ラビ・シャンカールもいました。

ラビ・シャンカールは一九九五年の来日時に、次のように述べています。

「ビートルズの中で本当の意味で深くインドに感化されたのは、ジョージだけです。食事や考え方など、ジョージはすべてにおいて傾倒していました」

ヒンドゥー教、瞑想、菜食主義など、ジョージに大きな影響を与えた教えは、我々にとっても学ぶべき点があるように思えます。特に現代人にとって菜食主義や瞑想法はおおいに参考になると思うのですが、そのようなライフスタイルを周りの人やファンに対してアピールしたり、あえてメッセージを出さなかったというのは、いかにもジョージらしいといえます。

だからこそ、『オール・シングス・マスト・パス』や『リヴィング・イン・ザ・マテリアル・ワールド』などの名作アルバムが今も多くの人から愛され、聴き続けられているのかもしれません。

【コラム⑤】インドのベジタリアン料理について

インド料理のベジタリアン食とは、いったいどのようなものかを簡単に説明します。

日本でもかなり前からインド人が調理するカレー専門店が見られるようになりました。以前に私が住んでいた東京の恵比寿界隈にも、このようなインド料理店が存在しました。

そこで出されるカレー料理には一切肉が使われておらず、肉の代わりに白い豆腐のようなものが入っているのが特徴でした。かなりスパイスを効《き》かせていましたが、口あたりがよく、時々、思い出したように訪れたものでした。

当時は深く考えもせず食べていたのですが、今になって思うと、ベジタリアン風インド料理の店だったのです。白い豆腐のようなものは、「パニール」というインド式のチーズ（カッテージチーズ）でした。

インドの搾りたてのミルクは、そのまま放置しておくと自然と乳酸菌を発酵させながら脂肪が表面に浮上し、その層の下でカード（乳酸菌でタンパク質が凝固したもの）とホエイ（乳清）とが分離するので、パニールは、その現象を利用して作ります。

このパニールを肉の代わりにカレー料理やさまざまなものに使うのだそうですが、インド料理というとすぐに連想するタンドリー・チキン（タンドールという円筒形の土窯で焼く鶏肉）に代わるものがタンドリー・パニールということのようです。

カレーでは、野菜や豆のカレー以外によく出てくるのが、チキンやマトンのカレーですが、これらに代わってチーズが入っているのがインドでのベジタリアン食です。

パニール料理の定番といえば、ホウレンソウとパニールのカレーです。日本でも珍しくなくなりましたが、本当に美味です。インドには、日本でいうところの「カレー料理」というジャンルは存在しないそうです。

インド料理の中心となるのが、マサーラ（いわゆるスパイス）で、何種類も配合してすりつぶすことが基本となっているようです。例えば、唐辛子、コリアンダー、クミンシード、フェンネル、シナモン、カルダモン、クローブ（丁字《ちょうじ》）、ベイリーフ（月桂樹）、ポピーシード（けしの実）、ナツメグ、ターメリック（カレーの黄色のもと）などをすりつぶし、各種料理のスパイスとして使用します。すりつぶしたスパイスをたっぷりと使い、野菜類と一緒に煮込んで、汁気のあるものが、日本人の思い浮かぶカレーに近いものです。

カレー粉もインドにはないそうで、一七〇〇年頃イギリスのC&B社が商品化したものが明治時代に日本に伝わり、日本のカレー料理のルーツになったそうです。

インド料理では、生で野菜を食べるということは、ほとんどありません。例外は、タマネギの輪切りに青唐辛子などが添えられる程度です。

インドのベジタリアン料理では、ミルクから作られる食品と豆がタンパク源となっています。カレーにもヒヨコ豆のひき割りであるダルを用いたものが登場します。さらには、チャナという豆のカレーもあるそうです。

インドでは米も食べるので、それによってカレーも異なります。南部の米を主食としてきた地域のカレーは、汁っぽくなります。これは、東南アジアのカレーと同じで、その汁っぽいものをごはんと混ぜて食べるのです。北部地域は伝統的に菜食地帯で、チャパティとカレーを常食にしているそうです。

The Beatles at Table

第6章——ジョンのオーガニックな食生活

●ジョンとシンシアの結婚生活

ジョンは小さいときに両親と別れ、子供のいなかったミミ伯母さんの家に引き取られて成長しました。ジョンの最初の妻となるシンシアが結婚前に初めてジョンの家を訪ねたときの「お茶の時間」のメニューを紹介します。

リバプールではごく一般的なのだそうですが、卵料理とフライドポテトを山のようにお皿に盛って、バター付きのパンと特大ポットにたっぷり入った紅茶が出されたようで、人を初めて招待するには、「お茶の時間」にもてなすのが通例だったようです。

その後、一九六二年にジョンとシンシアは結婚します。

結婚当初のシンシアの料理のレパートリーは、ソーセージとマッシュポテト、あるいはチーズを載せたトースト、ジョンも大好きだったベスタ・ビーフカレーという水を加えるだけのインスタント食品や、スライスしたバナナをトッピングしたサンドウィッチなどが中心でした。

当時の二人の食事はこんなものだったのでしょう。まだステーキなどの肉料理は出てきていません。結婚当初、リンゴが自宅に来た際シンシアは、「夕食を食べていってほしい」と引き止めカレーを出したところ、リンゴはぶっきらぼうな感じで辞退したのです。

実はリンゴは子供の頃から病気がちで、辛い料理が食べられないことをシンシアはこのときまだ知らなかったのです。

一九六四年二月、ビートルズ旋風が全米中を吹き荒れる中、ビートルズは初めて訪米、『エド・サリヴァン・ショー』に出演します。

このときには、シンシアもジョンに同行していますが、ビートルズが有名になるにしたがって、ジョンは、ツアーやレコーディングなどで家を長く空けるようになりました。

前出の回想録『ジョン・レノンに恋して』の中でシンシアは、リバプールにいた頃、時折レストランに行くことがあったとしても、インド・レストランでカレーを食べたり、カフェでチキンとフライドポテトを食べたりするくらいだった、と述べています。

●リバプールからロンドンに移っての食生活

一九六四〜六五年にかけて、ジョンとシンシアはリバプールを離れロンドンに移り住みますが、生活自体はまださほど洗練されたものではありませんでした。洗練された都会の生活に慣れていたマネジャーのブライアン・エプスタインに連れていってもらったフレンチ・レストランのメニューに、シンシアは目を輝かせます。

メニューの内容は、フレンチ・オニオン・スープ、コック・オ・ヴァン（鶏のワイン煮）、デザートは洋梨のベル・エレーヌ風、そしてブルゴーニュ・ワインでした。

現在の日本でも少ししゃれたフレンチ・レストランに行けば、当たり前のメニューかもしれません。マネジャーとしてビートルズを世界的スターに導いたブライアン・エプスタインという人物の育ちの良さがわかります。

シンシアの回想では、当時ロンドンの高級レストランに行ってもなじめず、ジョンは、シンシアの作るベーコンサンドやステーキサンドを好んで食べていたそうです。

二人がよく出入りしていたお気に入りのクラブのひとつに「アドリブクラブ」があ

りました。そのほかにも、ステーキとオニオンのバゲットサンドが一晩中注文できる「バック・オネイルズ」という店には、一日のレコーディングを終えたビートルズが腹ぺこでやって来ては、このサンドウィッチをたくさん食べていたそうです。

一九六五年から六六年当時の彼らはすでにお金に困るようなことはなく、以前ならごちそう扱いだったステーキを毎日のように食べられるようになっていました。シンシアはこの頃には、伝統的なオーブン料理はひととおり作れるようになった、と述べています。

一九六五年のある日、お客を招いたディナーの席では、前菜にシュリンプ・カクテル（エビは冷凍もので、カクテルソースは既成のもの）、メインはロースト・ラム、デザートにはアップル・クランブル（カスタード・クリーム添え）、最後にチーズというコース料理を出しています。

この頃のジョンの朝食は、昔と変わらず、コーンフレークやライス・クリスピー（米を原料にしたシリアル）などでした。

インドのアシュラムに行ったときも、朝食には、コーンフレークとトーストとコーヒーが出た、とシンシアは述べています。

●ヨーコとの出逢いで始めたオーガニックライフ

ジョンがシンシアと暮らしていた頃の食生活はイギリス人としてごく一般的なもので、ファストフードの「フィッシュ&チップス」(白身魚のフライとフライドポテト)に代表されるものでした。ビートルズがブレイクした一九六三年以降、食生活はステーキ中心になりましたが、一九六八年にインドを訪れたことで再度変わります。

ジョンは、あるトークショーで、「瞑想を通して、僕はいつでも自分自身のうちに内在しているエネルギーに触れることが可能になった。昔なら、物事がうまく運んで調子の良い日に限り、このスペシャル・エネルギーに気がついただけなのにね」と話しています。

アルバム『レット・イット・ビー』に収録されている名曲『アクロス・ザ・ユニバース』はインドでの瞑想の世界から生まれました。

その後、ジョンは一九六九年にオノ・ヨーコと再婚、以来ヨーコを通じ日本の影響を強く受けることになります。そのひとつが食生活で、ジョンのニューヨーク時代の写真を撮影した写真家ボブ・グルーエンは「玄米を中心とする自然食をジョンにすすめたのはヨーコだ」と述べています。

日本人であるヨーコが玄米食をすすめたのは当然のなりゆきだったのかもしれません。ジョンは、一九六八年一一月七日に描いたイラスト・エッセイの中で、玄米中心の自然食療法である「マクロビオティック」に基づき一〇日間玄米食に替えたところ、体がシェイプアップされてすばらしい身のこなしになった、と記しています。

『ビートルズ革命』(草思社刊、一九七二年)では、自らのイラスト入りでマクロビオティックの効果について述べています。

ちょっと太りぎみのジョンが「一〇日間玄米を食べたあと、体が軽快になった」とその後の自分の姿を細身に描いています。マクロビオティックのレストランにいるジョンとヨーコの写真なども残っています。

一九六九年一月一三日のレイ・コールマンのインタビューで、ジョンはマクロビオティックについて、くわしく述べています。自分でマクロビオティックの食材が育てられる農場を探していて、理想は「ロンドンから二時間以内の場所」で八エーカー（約三・二四万平方メートル）ほどの敷地の中には湖や小川があって、鶏を飼うことを望んでいたようです。

そして、マクロビオティックに従った食生活を続けていることを明確に述べ、その効用は禅や瞑想と酷似していると話しています。「自分にとっていちばんだと思うものを食べるのが良く、多くの人が食べているような**化学的処理が施された食材の多くは食べるのに値しない**」とジョンは指摘しています。

「化学的処理が施されていない食材」というのは、現在でいうところの有機野菜で、ジョンはオーガニック・ライフスタイルの先駆者とも言えます。

またこの時点で、「ジョージはベジタリアンではあるけれど、ポールやリンゴは違う」とジョンは話しています。今年七九歳になるという年齢にもかかわらず、ヴィーガン（徹底したベジタリアン）として若々しい体力を誇りライブ活動を続けているポールも、一九六九年当時はまだ「食」に対してさほど関心を深めていなかったのでしょう。

●マクロビオティックとアルバム『ジョンの魂』

ジョンとヨーコは結婚後、平和運動のためのさまざまなイベントを行ないます。そのひとつが、一九六九年一二月のカナダ訪問です。二人は一二月一六日にトロント市に着き、トロント郊外のロニー・ホーキンス（ロカビリー・シンガー）の農場に赴いています。ホーキンスの南仏風の隠れ家で、ジョンとヨーコは四日間にわたる平和キャンペーンを行ないました。そのときには、マクロビオティックの料理人が二人雇われたそうです。

ジョンとヨーコは一九六九年三月二〇日にジブラルタルで結婚、その後、ロンドンのアップル事務所には二人して自動車で出勤するようになりました。

事務所に着くのはだいたい昼食の時間帯で、玄米と野菜にたまりソースをかけたマクロビオティック食（当時の日本では「超自然食」と称していたもの）を食べています。

　ジョンは当時、「玄米にはまっている」と述べています。瞑想やドラッグのような面倒な手間をかけなくても、玄米食にすることで同じような効果がもたらされる、と感じていたようです。

　マクロビオティック食以前のジョンはビートルズのほかのメンバーとの軋轢《あつれき》や個人的な苦悩も重なり、ヘロインなどの薬物を服用していたことがビートルズの伝記に記されています。体内に薬物、心にはストレスが蓄積された状況の中、肉体面の健康を取り戻すための毒出しを促そうとデトックス食である玄米を食事にとり入れるようになったのではないでしょうか。

　また、精神面でのストレス対策として、一九七〇年代にプライマル・スクリーム療法（「原初療法」とも称される精神分析的治療法のひとつ）を受けた、といわれています。

　一九六七年から六八年にかけて少しふっくらとしていたジョンですが、玄米食の影響でしょうか、一九七〇年にかけてシェイプアップされている写真が残っています。

一九七〇年代の初め、玄米を中心とする自然食を継続しており、スリムな姿が当時の写真で確認できます。

体内の解毒がどこまでできたかは判断しかねますし、プライマル・スクリーム療法によって、どのくらい心の苦悩から解放されたかわかりませんが、やがてヘロイン依存からの脱却、新たな創作意欲によって、ビートルズ解散後に発表された最初のソロ・アルバム『ジョンの魂』（一九七〇年一二月発売）というロック史上の名盤が生み出されることになります。

●「失われた週末」とアルバム『心の壁、愛の橋』

一九七二年二月、ジョンはアメリカのテレビ番組『マイク・ダグラス・ショー』に出演した際、マクロビオティックのシェフに習って「ヒジキの春巻き」を作っている写真なども公開しています。

しかし一九六九年に始めた玄米中心の「自然食療法」は、その後たびたび中断されました。特に、ヨーコと別居中だった一九七三年秋から七五年初めまでの「失われた週末」といわれる期間、ジョンは肉体的・精神的に苦悩するようになります。

「失われた週末」というのは、ジョンが考えた言葉で、一九七三年頃、アメリカへの出入国問題が、ヨーコとの間に絶え間ない緊張を与えるようになっていました。

ある日、ジョンはニューヨークの自宅から出かけたまま、ヨーコのもとに帰らず、はるか離れた西海岸のロサンゼルスに向かってしまったのです。ロスに着くや音楽プロデューサーとして著名だったフィル・スペクターを探し、アルバムのプロデュースを依頼、のちにカバー曲の名盤として知られるアルバム『ロックン・ロール』（一九七五年二月発売）の制作にとりかかります。

この当時のジョンは、孤独と苦しさに満ちあふれていたので、自己逃避のためにアルバムを作り始めたようなものでした。

セッションは順調に始まりましたが、次第にレコーディングというよりは「宴会」という言葉のほうがふさわしいほど酒に溺れるようになり、マクロビオティックの食生活からも離れてしまいました。

その後、スペクターは録音テープをジョンの手が届かないよう自分の家に隠してしまいます。ジョンは、友人のミュージシャン、ハリー・ニルソンと毎日のようにアルコールを飲み続け、酒量は増し苦悩も確実に悪化していきました。

やがてジョンはようやく事の深刻化さに気がつき、ニルソンのアルバム『プシー・キャッツ』をプロデュース、続いて五枚目のソロ・アルバム『心の壁、愛の橋』（一九七四年一〇月発売）を制作します。

これをきっかけとして、エルトン・ジョンのコンサートにゲスト出演、このステージを観に来ていたヨーコと再会し、ジョンは二日酔いで見知らぬ所に横たわっているような暮らしに別れを告げ、ニューヨークのヨーコのもとに戻ることになります。

ヨーコと再び生活を共にすることになってから、刺激物は一切絶ち、一九六九年にとり入れた「自然食療法」を再開し、マクロビオティックを本格的に学ぼうとします。

よりを戻したジョンとヨーコは、一九七五年一〇月九日、ジョンの三五回目の誕生日に息子のショーンを授かることになりました。

●息子ショーンの誕生と主夫業のお手本

一九七〇年代後半、ジョンは息子ショーンのために自ら玄米を炊き、パンを焼き、魚を料理するという生活を送っていました。『メモリーズ・オブ・ジョン』(イースト・プレス刊、二〇〇五年)には、クラウス・フォアマン(イギリスのロックバンド、元マンフレッド・マンのベーシストで、ビートルズのアルバム『リボルバー』のレコード・ジャケットをデザイン)の興味深い証言が紹介されています。

ジョンはインドの古い諺《ことわざ》にある「**あなたは、あなたが食べたものでできている**」とはどういうことか、フォアマンに説明し、玄米の炊き方を教えています。

食品棚から鍋を取り出し、そこに玄米を入れ、手の甲が水で覆われるまで鍋に水を注ぎ、精製した白米よりも玄米のほうが炊くのに時間がかかること、あまりかき混ぜてはいけないことなど、細かなアドバイスを与える描写は、ジョンが玄米を炊くことに精通していたことを伝えています。

このように、ジョンはマクロビオティックを実践していました。時にはレストランで普通の食事を楽しんだり、チョコレートやケーキも食べていたようです。また、他人に対してジョンが「ベジタリアンであれ」と発言していた記録はありません。ジョンは玄米食を自ら楽しんで食べていたのです。

一九七六年、ジョンとヨーコはマクロビオティックをさらに学ぶため、ボストンにある「久司《くし》インスティテュート」を訪れ、そこで一週間勉強する予定でしたが、ファンやマスコミが騒ぎ出したため、結局二日しか滞在できませんでした。

三五歳から四〇歳までのジョンを語るとき、音楽面から見るとクリエイティブな活動があまり認められない時期になりますが、日常生活面では人生を通じて最も快適に過ごしていた期間かもしれません。

一九七五年三月にヨーコの妊娠がわかったとき、ヨーコから子育てに関して厳しい条件が提案されます。先妻シンシアとの子供である長男ジュリアンに対し、当時のジョンは多忙を極め、一緒に過ごしたり面倒をみたりすることは全くありませんでした。それを知っているヨーコは自分の出産に際し、子育てに関してジョンの協力を求めたのでした。

お手本は、一九七〇年代にジョンの写真を撮り続けたボブ・グルーエンの子育てにあったのではないでしょうか。一九七四年一〇月、ジョンがヨーコとよりを戻す前、グルーエンは、生まれたばかりの息子を大事そうに抱えながらジョン宅を訪れることがあったそうです。

ボブは妻と交代で子供の面倒をみており、ジョンはグルーエンの姿勢をほめてくれたそうです。一九七〇年代の半ば頃、男性の子育て姿が見られることはほとんどありませんでした。ショーン誕生後、積極的に主夫業に取り組んでいったジョンの頭の中には、グルーエンの姿があったのは間違いなさそうです。

●乳製品の制限と白砂糖の禁止

一九七〇年代後半、晩年のジョンの食生活の中にたびたび出てくるマクロビオティックですが、どのようにしてジョンのライフスタイルに入り込んできたのか。ジョンに関する記録の中にヨーコからマクロビオティックをすすめられた、という記述がありました。

ヨーコは日本人であり、当然、玄米に関しては知っていたでしょうし、長年にわたってニューヨークに住んでいたことから考えると、久司道夫がアメリカで啓蒙活動していたマクロビオティックの考え方も多少は知っていたと思われます。一九六〇年代末には、まだ食物繊維の効用についてはクローズアップされていませんし、玄米が「何となく体にいい」といった程度の情報しかない時代でした。

ジョンは、一時期太ってしまった体重を減らすため、ジュースを中心にナッツ類と果物を食べ、時々チキンのかけらで栄養を補うというダイエットも実践していたようです。一九七〇年代後半のジョンの写真にはシェイプアップされた姿が多くあります。

ショーンが生まれてからの日常生活ですが、朝は夜が明けるとまもなく目覚め、コーヒーを自分で淹《い》れて新聞を読み、一～二時間後に起きてくるショーンのために朝食を作っていたそうです。

一九八〇年一二月、ジョンが射殺される直前に受けていたインタビューをまとめた『ジョン・レノン愛の遺言』（講談社刊、一九八一年）には、ショーンの食生活は健康食中心ではあるものの、「週に一度、ハーゲンダッツのアイスクリームを食べることができる」と記されています。

ただし、冬には、これを思いとどまらせるのだそうです。「乳製品の量を制限しないと、体が糖液質となってしまう」という考えからだそうで、時にはマクドナルドに行くこともありますが、毎日ではないので、甘いもの対策と同様に注意を払っていたようです。

ショーンの食事内容に気をつけ、**精製された砂糖は絶対に食べさせず、ケーキもショーンのためにハチミツで甘味をつけたもの**を注文していました。

食事のあとの午前中は家事をこなし、パンを焼いたり、昼食まではショーンを連れて公園へ散歩に行ったりしています。ショーンとかなりの時間を一緒に過ごせることは幸せだ、とも述べています。

ジョンは一時期、料理に熱中していたことがあり、パン作りばかりでなく、アップルパイ、栗の天ぷらなどを作ることにも挑戦しています。鍋料理も好きなようで、大量の野菜を大雑把に切って、時には魚も一緒に大きな電気鍋に投げ入れ、数日間グツグッと煮込みます。

もとの形がわからないくらい煮込んでしまうという英国スタイルを踏襲しているのでしょうか、ジョンには、煮込む時間が長ければ長いほど味が良くなるという思いがあったようです。この煮込み料理と炊いたごはんに、時にはゆで卵やパンを添えて食卓に出したそうです。

食事の際には、よく噛《か》むことが徹底されました。ジョンとヨーコの友人、エリオット・ミンツ（DJでジョンのメディア戦略担当）が「イースト・ウエスト」というマンハッタンにあるマクロビオティックのレストランにジョンとヨーコとともに訪れたとき、一〇〇人ほどの客が何も言わず向き合ったまま黙々と噛み続けていて、ジョンに話しかけたところ、「静かにして！」と注意された、と述べています。

ジョンの料理の腕前については、『ジョン・レノン　ラスト・インタビュー』（中央公論新社刊、二〇〇一年）の中で、ジョン自らが次のように述べています。

「味はそう悪くはない。ものすごくおいしい、ということもないけどね。お米を炊く技術を僕はマスターしたよ。ごはんを炊くのは誰でもできるっていうけど、ほんとにじょうずに炊ける人は少ないんだ。僕はまあまあうまく炊けるよ。それに魚も焼けるし」

さらに、パンの作り方を覚えて興奮したことも述べています。

●健康の秘訣はヨガと玄米

ジョンとヨーコは、体内浄化のため**ジュースだけの食事法**を復活させたり、心身のバランスをとるためにヨガや瞑想にも時間をかけていたそうです。一九八〇年九月に行なわれた『PLAYBOY』誌のインタビューでは、ふだんはマクロビオティックの食事を摂っているけれど、時には家族でピザを食べに行くこともある、と話しています。

通常は、魚と米、丸ごとの穀類だけを摂るように努力をしていること、食べ物のバランスを考えて、その土地固有の食べ物（マクロビオティックで教える「身土不二《しんどふじ》」の考え方。アメリカ大陸原産の穀物であればトウモロコシなど）を摂るようにしていたそうです。

一九七五年当時のジョンの食生活について、ヒット・ファクトリー・スタジオの音楽プロデューサー、ジャック・ダグラスが発言しています。

「たまにジョンが羽をのばすのは、ヒット・ファクトリー・スタジオの機材室で、ヨーコの目を盗んでチーズバーガーかピザをパクつくときくらいだったね」

「細身で筋肉質になって、ジョンは健康そのものだったよ。ジョンはヨガ、ヨーコは玄米に凝っていて、二人の楽しみはスシを食べることだったよ」（『ジョン・レノンIN MY LIFE』日本放送出版協会刊、一九九一年）。

自宅にいるときは可能な限り菜食主義的生活で、そして時にはベジタリアン食以外のレストランで夕食を楽しむといったライフスタイルは、私がおすすめする「**健康的なプチ・ベジタリアン生活**」と一致します。

●和食と自然食レストランに親しんだ晩年のジョン

次のエピソードは『ミュージック・ライフ』誌の元編集長・星加ルミ子氏の記憶によるものです（『文藝別冊　ジョン・レノン　その生と死と音楽と』河出書房新社刊、二〇一〇年より）。

一九七七年にジョン・レノン一家が半年ほど日本に滞在し、ニューヨークに帰る前日に行なわれたお別れパーティーでのことです。ジョンは、ほっそりとやせていて、次のようなコメントを残したそうです。

「ヨーコは玄米がいいって言うから、言うとおりにして玄米を食べ続けていたら、とても調子がいいんだ。僕はベジタリアンじゃないけど、玄米を食べて気持ちいいし、本当に体調がいいんだよ」

この席で、ジョンは一所懸命、みんなにお茶を淹れてくれたそうです。そして、ヨーコが「ジョンはね、日本の食べ物の中でいちばん好きなのがうな重なの。みんなでうなぎをとって食べましょうね」と提案、フロントを通してうな重を注文し、みんなで食べたそうです。

そのときのジョンはきちんと絨毯《じゅうたん》の上に正座して、お箸を器用に使ってうなぎを食べていて、「まるで日本人みたいに静かで、ニコニコして穏やかで……」と星加氏は述べています。

こうした発言や記録を見ると、玄米を中心とした和食に関する限り、ジョンは日本人以上になじんでいたようです。

一九八二年に写真集『ジョン・レノン家族生活』(角川書店刊)を出した写真家・西丸文也氏は、一九七八年頃から約二年間、ジョンとヨーコのアシスタントを務めていました。

彼は二人の日常生活について、ジョンが味噌汁を作ったり、玄米ごはんを炊き、ブロードウェイの「ソーエン」という自然食(ナチュラル・フード)をメインとするレストランに夕食のおかずを買いに出かけた、と記しています。

この「ソーエン」という店は、マクロビオティックのレストランとしてニューヨークでは有名でした。ジョンは亡くなる直前まで玄米中心の自然食を続けていたので、この頃の写真を見ると、年を重ねるにつれお腹の周りが気になるロック・スターが多い中、ほっそりしていて均整のとれた体形を保っていました。

ジョン本人の日記を下敷きにした『ジョン・レノン アメリカでの日々』（WAVE出版刊、二〇〇三年）を読むと、ジョンは体形を非常に気にしていて、食べすぎたと思ったときは、トイレに行って、手を口に入れて食べたものを吐き出すこともあったそうで、一時期は体重が六〇キロまで減少したとも記されています。

残念ながら、一九八〇年に西丸氏は日本に帰国、同年一二月、ジョンは撃たれて亡くなります。ジョンの映像や発言、そして音楽を二度と聴けなくなったことは本当に残念でなりません。しかし、ジョンの選択した「**玄米中心のプチ・ベジタリアン生活**」は、現代人にも役立つものだと確信できます。晩年のジョンがスリムで健康だった理由はここにあるからです。

The Beatles at Table

第7章——ポールがめざした理想

●結婚を機にスコットランドへ

一九六九年頃、ビートルズが事実上崩壊する時期に、ロンドンの自宅の庭で食事をするポールの写真があります。妻のリンダが撮ったこの写真で確認できる食べ物は、ベーコン、卵料理（おそらくは目玉焼き）、ハインツのトマトケチャップ、ミルク、イギリスを代表するＨＰソース、トーストなどです。

ポールは何かの書類を読みながら食事をしています。この当時のポールはまだ菜食主義にはなっていません。ポールが独身時代に好きだった食べ物は、豆にトースト、あぶったチーズとトマトのサンドウィッチといったリバプール時代からのなじみの物でした。

でも一九六七年頃のガールフレンドであるジェーン・アッシャーと一緒にベジタリアン・レストランに行ったり、彼女がポールのためにベジタリアン食を作ったなどという記述があることからすると、少しは菜食になじんでいたのかもしれません。

ちなみに、ビートルズの公式伝記本『ビートルズ』（草思社刊、一九六九年）の著者で、メンバーと仲の良かったハンター・デヴィスは、のちに「ポールとジェーンの食事はベジタリアン・フードだった」と述べています。

肉を使わない夕食で、初めはビネグレット・ソース付きのアボカド、続いてナッツとスパイスを入れた野菜のキャセロール（耐熱性のキャセロールという浅い容器に材料を入れ、オーブンでじっくり煮込む、イギリスの伝統料理）だったそうです。その後、ポールとジェーンは婚約を解消することになります。


ポールはビートルズ脱退後、今は亡きリンダとの結婚を機に、一家でスコットランドの農場に移り住みました。一九六〇年代中頃にロンドンのナイトクラブの生活を楽しんだポールと、ニューヨーカーだったリンダの二人の都市型生活者が、なぜカントリーライフに移行したのでしょうか。もしかしたらポールは、ロンドンでアヴァンギャルドな生活やビートルズのメンバー間の軋轢に心も体も疲れ切ってしまっていたのかもしれません。

アヴァンギャルドとは、もともと第一次世界大戦後にフランスで起こった革新的な芸術運動を指したフランス語ですが、ポップアートの台頭とともに一九六〇年代後半に入って再び注目されるようになり、絵画の世界だけにとどまらず、映像や音楽、ファッションなど、あらゆる方面に拡大していきました。

日本でも一九六〇年代にボディ・ペインティングなどが話題になりましたが、これもその一例です。オノ・ヨーコは日本人として、いち早くその世界に飛び込んだ一人といえるでしょう。

ポール・マッカートニーの場合、人間的にも音楽的にもソフトな面ばかりが強調されて、こうしたアヴァンギャルドな面に対してはあまり評価されていないようですが、実際には実験的なことを数多く行なっています。このような柔軟性を持ったポールの精神が、菜食主義的な生活へとシフトチェンジさせたのかもしれません。

●わが家の農場で遊んでいる子羊たちの「仲間」は食べられない

リンダのすばらしさは、「ベジタリアンになろう」というスローガンを掲げるだけではなく、ベジタリアンのための冷凍食品の開発をしたり、一〇二ページでレシピの一部を紹介した『リンダ・マッカートニーの地球と私のベジタリアン料理』などの料理本を通じて、誰にでもできる具体的な方法を示したところにあります。

そもそもポールとリンダがなぜベジタリアンになったのかということも、この本の中で述べられています。

「スコットランドの小さな丘の上のキャンベルタウンの近くにある牧場で暮らしていたときのことです。ある日曜日の昼、私たちはローストされた子羊（ラム）のもも肉が盛られた食卓につこうとしていました。ふと窓の外を眺めると、野原で楽しそうに遊んでいる私たちの飼っている子羊たちが見えたのです。

そのとき、**私たちが食べようとしているものが外で遊んでいる子羊たちの仲間**だということに気がついて、突然おそろしくなってしまったのです。生きた動物たちと、お皿に盛られたものを結び付けた瞬間に、もう二度と肉は食べまいと決心しました。この日、ポールと私はベジタリアンになることを決めたのです」

ポールもその後、羊のことが忘れられなかったのか『メアリーの子羊』という美しい曲をシングル盤で発表しています。一九七〇年代初め、ポールとリンダの食生活は「肉を摂らない」というものに変わりました。

一九九九年に発表されたリンダの料理本『Linda McCartney on Tour（リンダ・マッカートニー・オン・ツアー）』（Bulfinch Press刊、一九九九年）では、ポールと一緒に世界中をツアーして回るうちに覚えた各国のベジタリアン料理が紹介されています。その中のひとつとして、日本の「ワカメとキュウリの酢の物」が掲載されています。私たちがふだん口にしている食べ物も、視点を変えれば立派なベジタリアン食であることに気づかせてくれました。

ポールは『ＬＩＦＥ』誌（一九七一年四月）のインタビューの中で、次のように述べています。

「スコットランドにいるときは野菜を植えて、そのまま放っておくんだ。すると野菜は自分の力で伸びていく。伸びて成長するだけじゃなく、おいしい食料にもなる。自然のものが自ら伸びて、人々の糧となる。僕たちは農場で羊を飼っているけど、肉は食べない。以前、羊の肉を食べていて、ふと気づいたんだ。自分たちが今、口にしているのは、窓の外で無邪気に飛び回っているあの動物なんだってことにね。だけど、ガチガチのベジタリアンとは違うよ」
ポールは**動物愛護の観点から、菜食主義的な生き方になった**のです。

●愛妻リンダに捧げたラブソング

ポールの奥さん、リンダ・マッカートニーについて簡単に紹介しておきます。リンダは、一九四一年にニューヨーク州で生まれました。一九六〇年代から写真家として活動、一九六七年にイギリスでジョージイ・フェイム（ミュージシャン）のライブを観にいったクラブでポールに出逢いました。

その後一九六八年に、ニューヨークのアップル設立の記者会見で再会します。ポールにとってリンダは必要な女性だったのでしょう。一九六九年三月に二人は結婚。イギリスに居住し、二人のカントリーライフが始まります。ベジタリアンとしての生活、動物愛護者としての生き方、そして家族に愛を捧げる二人の生活が始まったのです。

ポールは、リンダとの生活に関して一九六〇年代後半から七〇年代にかけて、多くを語っていません。『THE BEATLES ANTHOLOGY』(前出)を読んでもほとんどわかりません。しかし、一九七〇年代以降のインタビュー集では、ラブソングの大半がリンダに対して歌ったものだ、と述べています。

ポップな面ばかり語られるポールですが、『マイ・ラヴ』など多くの名曲を作り出せたのは、リンダに対する愛情、家族に対する愛情が源泉となっていることは間違いありません。

●リンダとポールのベジタリアン活動と食育

一九七〇年代に入るとポールは、リンダと元ムーディー・ブルースのメンバーであるデニー・レインらとウイングスを結成し、ウイングスの最初のアルバムとして『ウイングス・ワイルド・ライフ』を発表します。その後、メンバーとともにバスによる公演のためのツアーを始めるようになります。

一九七八年に発表された六枚目のアルバム『ロンドン・タウン』発表時の写真には、テムズ河でポール、リンダ、デニーの三人がフィッシュ&チップスを食べているシーンがあります。当時、肉食だけをやめていたのでしょう。その後、スコットランドにある農場中心の生活と演奏旅行を並行して継続しつつ、ベジタリアン活動を活発化していきます。特にリンダは、植物性タンパク質を作るための会社まで起こしました。

やがて家族はポールとリンダに娘のヘザー（リンダの連れ子）とメアリーを加えた四人となり、家族そろってスコットランドに住むことになりました。スコットランドの自然の中での生活に、ポールとリンダは十分満ち足りていたのです。

リンダとポールは、肉類や魚類を全く摂らない菜食主義者となりましたが、子育て中はどうだったのでしょうか。子供に対する食育についてリンダは明確に答えていて、**子供たちは全員ベジタリアン食で育てた**そうです。

リンダ自身は、動物の肉類は料理しなかったのですが、子供たちには「料理したいなら料理してもいいし、レストランで食べてもいい」と言ってきたそうです、しかし、子供たちは四人とも、そうはしませんでした。四人の子供たちが皆、ベジタリアンになったのは、動物が大好きだったからです。

リンダは、「ベジタリアン料理は簡単にできるし、おいしい」と公言しています。ロス・ヤングという食品会社から、リンダの名前を入れたベジタリアン料理の冷凍食品が販売されています。これは、簡単にオーブンや電子レンジであたためるだけでよく、おいしいとのこと。三女のステラは、後年デザイナーとして有名になりましたが、彼女が作る服には動物の皮革はいっさい使われていません。

●世界ツアーとエコロジー活動へ

前述したリンダ著作のベジタリアン・フード本『リンダ・マッカートニーの地球と私のベジタリアン料理』が本国で大ヒットし、リンダの起業した会社は一九九四年頃にはイギリスで一大事業となり、アメリカに進出することになります。

リンダはアメリカ相手のプロモーションも単独で行なっています。この当時、多くの人がベジタリアン・フードを買う理由について、リンダは「いちばんの理由は健康を考えているから。若い人たちは環境保護への関心から」と述べています。

一九八九年のワールド・ツアーで一五か国をめぐった際、マッカートニー夫妻にもたらされた喜びとは、ツアーを通して菜食主義や環境運動の大切さを訴えることができたことだったようです。

一九九〇年の来日時のインタビューで、リンダは述べています。

「四人の子供の親である私は政治に対して広い視野を持ち、環境保護団体を支援しています。コンサートでは喜びや感動を与え、一方で深刻な環境問題のことも訴えていくことが大切です」

一九九四年当時のポールは、ベジタリアン食について「自分に合っているし、ベジタリアンでいるほうがエネルギーが出ると思う」と述べています。

ポールは一九九三年のニュー・ワールド・ツアーから帰ってきたときもエネルギーが充満した状態だったそうです。**毎晩二時間半の演奏を何か月も続けていたにもかかわらず、疲れが全然残らなかった**のだそうです。その理由をポールは「肉類を摂らなかったからだ」と明言しています。

二人のメッセージはエコロジー（自然保護）にまで及んでいました。それから一〇年以上経過して日本でもようやくエコロジーが叫ばれ始めたことを考えると、彼らのメッセージが最先端を行っていたものだとわかります。

ポールとリンダは、ふだんは自分たちの農場に住んで家畜を飼い、無農薬野菜とハーブを育てていました。つまり、オーガニックな食生活なのです。また、リンダは必ず自分で料理するし、ポールもパンを焼いたり、オムレツを作ったりするのも得意だったそうです。

リンダは、挽肉《ひきにく》や鶏肉やソーセージの味や歯ざわりがちゃんと感じられる植物性タンパク質でできた食品まで開発しています。黒を基調にしたシックなパッケージに入れられて、イギリスならどこのスーパーでも売っていました。

リンダの得意料理は、野菜のシチュー・ギリシャ風、羊飼いのパイ、リンダ風ラザーニャ、スープやサラダなどさまざまです。

ジョンとヨーコの二人に比べると、そのメッセージ性においてインパクトに欠けているように思われがちですが、どうしてどうして動物愛護からのベジタリアンとして、ポールとリンダの信念も十分メッセージ性に富んだものだったのです。

●肉・魚がなくても豪華なマッカートニー家の食卓

リンダが自宅で料理していたであろうメニューを紹介します（前出の『リンダ・マッカートニーの地球と私のベジタリアン料理』より抜粋）。ヘルシーかつ、本当においしそうな料理です。

★まずは、スペイン風の野菜スープである「ガスパチョ」です。

【材料】トマト、ピーマン、キュウリ、タマネギ、ニンニク、卵、ワインビネガー、オリーブオイル、トマトジュースなど。

★次は、具がたっぷりのリンダ特製の「野菜スープ」です。

【材料】タマネギ、リーキ（西洋ネギ）、セロリ、ニンニク、キャベツ、ジャガイモ、タイム、ローズマリー、トマト、パセリ、植物油。

★「オムレツ」もあります。
【材料】卵、塩、黒こしょう、バター、中身の具として、おろしチーズ、タマネギ、マッシュルーム、ゆでたてのホウレンソウ。
★「ビーツとセロリのサラダ」
【材料】卵、セロリ、ビーツ、レタス、塩。
★「ヒヨコ豆のサラダ」
【材料】ヒヨコ豆、セロリ、マヨネーズ、レモンの搾り汁、ニンニク、パセリ、タマネギ、レタス、黒こしょう。
★そして、メインディッシュである「ナスとトマトのチーズ焼き」です。
【材料】ナス、オリーブオイル、タマネギ、トマト、トマトピューレ、オレガノ、バジル、小麦粉、モッツァレラチーズなど。
★「マカロニのチーズ焼き」
【材料】マカロニ、卵、牛乳、バター、チェダーチーズ、こしょう。
★「カッテージチーズとジャガイモのパイ」。イギリスの代表的な家庭料理、パイがアレンジされています。

【材料】パイ生地、ジャガイモ、カッテージチーズ、サワークリーム、チャイブ（ネギの仲間のハーブ。別名エゾネギ）、タラゴン（甘い香りのキク科のハーブ。別名エストラゴン）、バター、黒こしょう。

★野菜の「ギリシャ風シチュー」です。

【材料】小タマネギ、トマトピューレ、植物性プロテイン、野菜のスープストック、ニンジン、ジャガイモ、シナモン、バター、塩、黒こしょう。肉の代わりに植物性プロテイン（タンパク質）を使った料理です。

★「キッシュ」。イギリス風の料理です。

【材料】パイ生地、バター、タマネギ、卵、牛乳、生クリーム、チェダーチーズ、塩。

★「野菜カレー」

【材料】タマネギ、ジャガイモ、リンゴ、カブ、リーキ、ニンジン、セロリ、カレー粉（マイルド）、ブラウンシュガー、植物性プロテイン、野菜のスープストック。

まだまだ、ほかにもたくさんの料理が紹介されています。リンダが選ぶ食材ですが、野菜類は当然ながら、肉類の代わりに植物性タンパク質を使い、魚類は全く使っていません。その一方、ミルク、チーズ、クリームなどの乳製品は使用しています。つまり、**リンダとポールの菜食主義は、乳製品以外の肉類・魚類を全く摂らないタイプ**です。おそらく動物愛護の精神が強く働いている結果でしょう。

リンダはニューヨーク出身なので、伝統的なイギリス食への執着が薄かったので、イタリア風やスペイン風など、地中海型食生活の食事も積極的にとり入れられたのでしょう。地中海型食生活をとり入れることによって知らないうちにオリーブオイルも摂取することになるのです。リンダがイギリス出身であれば、こうはいかなかったかもしれません。

●リンダは、なぜ早くに亡くなってしまったのか

リンダ・マッカートニーは、乳ガンが原因で一九九八年に亡くなりました。あれほ

どヘルシー食にこだわっていたリンダがどうして乳ガンに侵されてしまったのでしょうか。

乳ガンは、大腸ガン、前立腺ガンなどとともに、食事、特に脂質の摂取量が大きく関与しています。最近の研究では、脂質の過剰摂取が乳ガン発症の増強因子であることがわかってきました。

問題は、その脂質の内容です。というのは、オリーブオイル、魚類を多く摂る地中海型食生活の南イタリアやスペイン、魚食が今より多かった一昔前の日本では、乳ガンの死亡率は高くありませんでした。一方、肉類や乳製品を多く摂るイギリスでの乳ガン死亡率は高い数値を示していました。

では、肉食をやめていたリンダが乳ガンになった理由は何なのか。これは私の推測にすぎませんが、ひとつには、多価不飽和脂肪酸の一種であるオメガ3脂肪酸を多く含む魚類を全く摂らなかったことが関係している、と考えています。

植物由来の油を比較的多く摂ることで、オメガ6脂肪酸（ベニバナ油、ヒマワリ油、ゴマ油、卵、牛乳など）とオメガ3脂肪酸（青魚など）の理想の比率は「四対一」のところ、オメガ3の数値が一以下に下がり、乳ガンのリスク・ファクターを高めてしまうことになります。

ちなみに、一九八五年における「オメガ6対オメガ3」の割合は日本では「四対一」、アメリカでは「八対一」で、この時点で乳ガンはアメリカ女性のガンによる死因として、肺ガンに次ぐ第二位になっていました。

オメガ3脂肪酸を体外から補足するために必要なのは、シソ油やアマニ油です。しかしこうした油は、リンダのメニューの材料をチェックしてみると、積極的に摂った形跡がありません。ですから、（あくまで推測ですが）知らないうちに「オメガ6対オメガ3」の比率はオメガ6の数値が理想よりもかなり増え、乳ガンのリスクが増加したのではないかと考えられます。

特に食材によってリスク・ファクターが大きく変化するのが、乳ガンや大腸ガンなどです。リンダのメニューに、オメガ3脂肪酸を含む食材がもう少し加わっていたならと思うと、非常に残念です。

ちなみに生の魚食をほとんど口にしないアメリカなどでは、「オメガ6対オメガ3」

の割合比が重要視され、近年オメガ3摂取用に魚の油から作られたEPA（エイコサペンタエン酸）のサプリメントが販売され、積極的に摂られるようになりました。

●「ベジタリアンになろう」は、今でも僕のメッセージだ

リンダの死から四年後、ポールは元モデルのヘザー・ミルズと二〇〇二年に再婚、一児をもうけましたが、残念ながら二〇〇八年に別れてしまいます。仲の良かったときの二〇〇二年のアメリカ・ツアー時のコンサート映像を見てみると、コンサート会場入場前に、ポールが「自分は菜食主義（ベジタリアン）である」とはっきり語っているシーンがあります。

二〇〇二年、ポールのワールド・ツアー時の食事ですが、コンサートのある日には、九人の料理人からなるチームが、ランチ六種類、ディナー八種類のコース料理を作るのだそうです。どれも皆、オーガニックのベジタリアン食で、全部合わせると二五〇食以上にもなるとか。

ブラウンソースをかけたエッグ&チップスという伝統的なイギリス料理をはじめ、イタリア料理、メキシコ料理、日本料理なども用意されていたそうで、こうしたおいしいベジタリアン料理をスタッフのために用意しているにもかかわらず、ポールは水とマカダミアナッツしか摂らなかったようです。

お腹がいっぱいになると、良い演奏ができないのかもしれません。ポールの健康の秘訣は、リンダとの食生活を彼女の死後も守っていることにありそうです。

同年齢の人と比較してもポールの体形は若いときと同様に維持されています。二〇〇二年に来日した際には、高尾山に登り、頂上の日本食堂でかき揚げそばを食べた、ということをテレビの番組で知りました。そのときポールは、そばとかき揚げを別々にしてもらったそうですが、何となくポールらしい行動ですね。

そうした食生活を続けていたポールは、二〇〇九年六月一五日、オノ・ヨーコらとともに、「**月曜日には肉を食べるのをやめよう**」という「**ミートフリー・マンデー(Meat Free Monday)**」という啓蒙運動をスタートさせました。

二〇一〇年には、牛のゲップがCO2排出につながるから肉牛生産を減らそう、という意味合いのエコ的発言もしています。写真でのポールは、以前よりちょっとふっくらとしていますが、メタボではありません。

二〇一一年一〇月九日には、ナンシー・シェベルと三度目の結婚をします。さらに二〇一二年にはエリザベス女王即位六〇周年記念コンサートとロンドン五輪開会式で演奏のトリを見事に務めました（『ヘイ・ジュード』を歌っています）。

ちなみにロンドン五輪の選手の制服はリンダとの間にできた娘のステラ・マッカートニーによるデザインでした。続いて二〇一三年には「アウト・ゼア・ツアー」、二〇一七年には「ワン・オン・ワン・ツアー」と、大規模な世界的ツアーを大成功に導いていきます。

【コラム⑥】臨床医がすすめる「食」のポイント

ポールとリンダは、**健康的な食生活には常に新鮮な野菜や果物が欠かせないこ**とを強調していました。

菜食主義では、タンパク質は植物性タンパク質から摂るように、とされています。つまり、**植物性タンパク質の摂取だけで十分に生きていけるという考え方**です。

伝統的和食も植物性タンパク質に基づいていました。その代表例として、穀類（玄米、全粒小麦、ライ麦など）、豆類（大豆、大豆製品、インゲン豆、豆モヤシ、グリーンピースなど）、ナッツ（クルミ、カシューナッツ、アーモンド、ココナッツなど）があげられます。

植物性脂肪の摂取については、オリーブオイルを摂ることがポイントです。リノール酸を多く含む植物油（べニバナ油、大豆油、菜種油、ゴマ油など）を摂りすぎてしまうと、オメガ6脂肪酸を多く摂ってしまうことになり、「オメガ6対オメガ3」のバランスが悪くなり、これも各種疾患に結びつくリスクがあるので要注意です。

炭水化物は、体にエネルギーを供給します。デンプンと呼ばれることもある炭水化物ですが、野菜、果物、穀物に含まれ、ゆるやかで持続するエネルギー源となります。近年、日本で流行している「炭水化物抜きダイエット」ですが、医師の立場からしても絶対に避けるべきダイエット法です。

食物繊維は、肉、魚、乳製品の中には含まれていません。腸の働きを正常に保つので、便秘を防ぎ、食べ物からの栄養を体内に吸収するのを助けます。食物繊維の少ない食生活は、結腸および直腸のガン、心臓疾患、肥満と深く関係しています。

私がおすすめする「食」のポイントは次の三点です。

①穀物、豆、種子類――穀物は全粒小麦（全粒粉のパンなど）。豆類とともにエネルギーとタンパク質の優れた供給源です。時に応じてナッツや種子類を混ぜると、いっそう栄養豊かになります。

②野菜、果物――新鮮なものほど栄養価は高まります。本来はカロリーが低く、ビタミンとミネラルが多く含まれているので、一日一食は「生」のままで食べるといいでしょう。

③乳製品――もし摂取する場合は、スキムミルクなどの低脂肪製品を。

肉類が健康に悪影響を及ぼす理由は、動物性飽和脂肪酸が高率で含有されていることがあげられます。たしかに、このような食品を多く摂れば、ガン、心臓疾患、糖尿病、高血圧などにかかりやすくなります。

魚も菜食主義には必要ないといわれていますが、魚は日本人にとって主たるタンパク質摂取源であり、EPAやDHA（ドコサヘキサエン酸）などオメガ3脂肪酸（n-3系多価不飽和脂肪酸）の摂取源でもあります。

先にも述べましたが、このオメガ3脂肪酸を摂らないと、オメガ6脂肪酸とのバランスが悪くなり、各種心臓疾患や大腸ガン、乳ガンの発症に大きく関与することになってしまうので要注意です。こうしたことから、**菜食主義の人でも魚は少量でも摂るべき**だ、と私は思っています（マクロビオティックでは少量の魚は可としています）。

最近、乳製品の摂取が問題となってきたため、低脂肪牛乳や低脂肪ヨーグルトなどが市場に出回るようになりました。乳製品には飽和脂肪酸が多く含まれているので、**乳製品を摂るのなら低脂肪牛乳やスキムミルク**がいいでしょう。

動物性脂肪についてですが、私は「いくらか必要だ」と考えています。ただし、脂肪の摂り方にはバランスが必要で、飽和脂肪酸が多く含まれる牛乳・卵・チーズなどの動物性食品の摂取については最低限にすべきです。

The Beatles at Table

第8章——虚弱体質のリンゴが行き着いたヴィーガン・ライフ

●入退院を繰り返していた青少年時代

リンゴ・スターに関する本を通読しても、「食」に関する記述はさほど出てきません。子供の頃のリンゴは病弱で、虫垂炎の破裂による腹膜炎を併発、その後、数か月もの入院を経験し、一三歳頃には肋膜炎《ろくまくえん》でも再度数か月間入院しています。

このように、リンゴは元来、虚弱な体質だったのでしょう。これはビートルズのメンバーになってからも変わることなく、ビートルズ時代に三回も入院しています。

一回目は一九六四年六月三〜一一日まで、ヨーロッパ公演を翌日に控え扁桃腺炎《へんとうせん》でダウンし、ロンドン大学病院に緊急入院しています。このときは手術は行なわれず、同年一二月一〜一〇日まで再入院し扁桃腺の摘出手術を受けています。

一九六九年には、腸疾患（イレウス＝腸閉塞のためか）にかかり、九月八〜一一日までロンドンのミドルセックス病院に入院しています。

ビートルズ解散後には、一九七九年三月下旬に子供の頃にかかった腹膜炎が再発、モナコのプリンセス・グレース病院で緊急手術を行ない、一命をとりとめています。

すでにご紹介したように、リンゴが新婚当初のジョンとシンシアの家を訪れたときカレー料理を辞退したように、リンゴは食事に関してナーバスでした。それは、元マンフレッド・マンのベーシストであったクラウス・フォアマンもリンゴの食生活について証言しています。

リンゴは少しでもスパイスが効いた料理は食べられないそうで、タマネギが入った料理も無理でした。リンゴが食べられるものは、子牛肉とマッシュポテト、牛肉と塩を振ったポテト、ラム、フィッシュ&チップス、ベイクドビーンズなどのスパイスが効いていないシンプルな料理だけでした。ですから、当時レストランで注文する料理もごく限られたものだったようです。

一九六六年に来日した際、ヒルトンホテルで加山雄三とビートルズのメンバーがスキヤキを食べたという記録が残っていますが、はたしてリンゴは口にしたのでしょうか。

●インド風菜食主義に戸惑うリンゴ

現在のリンゴはベジタリアンになっていますが、食を変えたのは比較的最近のことで、インド滞在後のリンゴの食生活は次のような変遷をたどっています。

一九六八年二月、ビートルズの四人はマハリシにTM法を習うため、インドのリシケーシュに行くことになります。ただし、リンゴはちょっと遅れて行きました。すでにジョンとジョージはだいぶ前から肉食をやめていましたが、リンゴはそうではありませんでした。二月一九日、インドへ向かう飛行機の中で、リンゴは次のように決意します。

「ポールと僕は徹底して修行し、ベジタリアンになる」

インドでのビートルズの四人の朝食には、コーンフレーク、パフウィートかポリッジ、飲み物は、フルーツジュースに紅茶、コーヒー、それにトーストにマーマレードかジャムがついていたそうです。

昼食と夕食には、スープと菜食主義者用のメインコースが出ました。その内容は、たっぷりのトマトとレタスサラダ、カブ、ニンジン、それにごはんとジャガイモでした（八二〜八三ページ参照）。

しかし、どの料理もスパイスが効いており（いわゆるカレー風）、リンゴにとってはちょっとつらい内容だった、というリンゴ自身の証言が残っています。つまり、ここで出てきた菜食は、どれもインド風にスパイシーだったのです。

マネジャーのマル・エヴァンスは、デリーまで卵を買いに行き、目玉焼き、ゆで卵、ポーチドエッグ（落とし卵）などを作ったそうです。しかし、リンゴと妻のモーリンは、結局、環境になじめず、二月二九日、インドに着いてからたった一〇日でイギリスに帰国してしまいました。

同年三月、リンゴはマスコミに対して、自分とメンバーたちが菜食主義者になった、と発表しました。

「マハリシは宗教的理由から菜食主義だけど、僕たちはインドには肉はないとわかっていたから、マハリシとは関係なく、挑戦してみる気になった」としています。

しかし、リンゴにとってこの時点での、インド風菜食は無理だったようです。ポールと当時の恋人ジェーン・アッシャーの二人はそれでも一か月間は滞在しました。ジョンとジョージは約三か月間滞在していました。

リンゴにとっては、肉類などがいっさい入っていない、インド風の菜食がちょっとつらかったのか、以後、一九八九年まで菜食の記録がありません。一九八一年にボンドガールとして知られるバーバラ・バックと再婚、ハッピーであったにもかかわらず、八〇年代後半にアルコール依存症に苦しみ、その後、リハビリを受けてアルコールを断ち切ることになります。

一九九六年のインタビュー記事の中で、リンゴは「一九八九年にアルコールをやめて、まともになった」と述べています。以来、人生を一八〇度転換、**果物と野菜以外は食べず、飲むのは水だけという生活**になったそうです。この時点で妻のバーバラと共に、徹底したベジタリアン（ヴィーガン）になったわけです（ポールにすすめられてベジタリアンになった、という話もあります）。

●「フルータリアン」というリンゴ夫妻の選択

リンゴの食生活は「**ナチュラル・ハイジーン**」といわれる健康科学のスタイルに似ているかもしれません。「体にとって必要な栄養は、**プラントベースでホールフードの食事**（注）からすべて得ることができる」というのがナチュラル・ハイジーンの考え方です。

（注）野菜・果物・豆類・穀物・ナッツ・種子類などを精製加工せずに、そのまま丸ごと食べる食事。

「ナチュラル・ハイジーン」のパイオニアの医師たちは一世紀以上も前からそう提唱し続けてきました。その教えに従い、生涯にわたり動物性食品を摂らずに、すばらしい健康状態を維持していた人たちが数多くいました。

こうした考え方に対し、栄養学の世界的権威、T・コリン・キャンベル博士は『チャイナ・スタディー』（グスコー出版刊、二〇一六年）で、次のように記しています。

――動物性食品の中に含まれている栄養素で、植物から十分に得られないような栄養素は何もない。

ただし、長年「プラントベースでホールフードの食事」を続けている場合、ビタミンB12の体内レベルが正常かどうか、配慮が必要です。ビタミンB12の欠乏には気をつけてください。

また、日光に当たる機会が少ないとビタミンDを十分に作れない、ということも知っておく必要があります

さらに、「プラントベースの食事」をしていても、植物油を常用し、その上、種実類、特にクルミ、フラックスシード（亜麻仁《アマニ》）、チアシード、ヘンプシード（麻の実）など、オメガ3脂肪酸が豊富な食材を毎日摂取していないと、「オメガ3脂肪酸対オメガ6脂肪酸」のバランスが崩れることになります。

動物性食品を摂らない食習慣といっても、徹底したベジタリアンの「ヴィーガン」だったり、「ゆるい菜食」だったり、いろいろあります。

「ナチュラル・ハイジーン」の場合の食事プログラムは、一般的に言われている

「ヴィーガンや菜食の食事」とは異なるときがあります。

リンゴが肉、魚、乳製品、卵などをいっさい摂らない「ヴィーガン」であることは、一九九五年に来日した頃にはわかっていました。リンゴとバーバラは動物性のものはいっさい口にせず、しかも無添加の食品に限っているのです。バーバラは、一九九〇年に「安全な食品キャンペーン」に協力したこともありました。

ツアー中のリンゴはルーム・サービスを利用するか、アシスタントが作ったものを持ち歩いて食べるのだそうです。ニンジンやビーツなどさまざまな野菜をミキサーにかけたジュースがお気に入りだとのことで、飲料水にも気を配り、ミネラル・ウォーターを積極的に摂るようにしていました。

アルバム『ギブ・モア・ラブ』(二〇一七年)をリリースしたリンゴの写真を見ると、ほかのロック・スターと異なり、全く太っていません。七〇代後半とは思えないほどスタイリッシュです。ポールもリンゴもイギリス的な菜食主義者なのでしょう。

近年のリンゴは卵を食べるけれども、動物性のものはそれだけだそうです。リンゴ夫妻について、「**フルータリアン**(フルーツ食主義者)」とでも呼ぶのがいいかもしれないと言われています。

いずれにしても彼は肉を食べていたときよりも今のほうがずっと健康的だと考えているのです。

●ナチュラル・ハイジーン・スタイルの食生活

具体的なナチュラル・ハイジーンの食生活とは、次のようなものです。

【朝食】フルーツだけか、あるいはグリーンスムージー。

グリーンスムージーの内容は、果実とアブラナ科の緑葉野菜（小松菜やケール、チンゲンサイ、ターサイ、クレソン、白菜、ブロッコリー、芽キャベツなど）。これらの野菜を合わせてミキサーにかければ、できあがり。

【昼食】最初にサラダを食べる。

サラダは、緑葉サラダ、野菜にトマト、キュウリ、緑や赤のキャベツ、ニンジン、絹サヤ、ブロッコリー、カリフラワー、赤タマネギ、大根、ラディッシュ、ビーツ、パプリカ、アスパラガスなど。
サラダに加えて、ナッツ、種子類、アボカド、ゆでた豆類、サツマイモ。
ドレッシングは、種実類をベースにした自家製が原則。

【夕食】最初にサラダを食べる。
緑葉野菜（アスパラガス、小松菜やケール、チンゲンサイ、ターサイ、からし菜、高菜、ブロッコリー、芽キャベツなど。蒸すのも可）や豆類、ネギ類、キノコ類も毎日摂る。野菜と豆のスープや味噌汁、シチューや野菜炒めなどがおすすめ。炭水化物としては、そば、玄米、オートミール、黒米、カボチャ、サツマイモなどがよいでしょう。

【間食】脂肪の補給にもつながるので、ナッツ（アーモンド、クルミ、ペカンナッツ、カシューナッツなど）や種子類がおすすめ（毎日三〇グラム程度）。

自然界にはエキストラ・バージン・オリーブオイルを除いて「油」は精製された形

のものしか存在していないことから、ナチュラル・ハイジーンでは油は極力使いません。

工場からではなく、果樹園や畑から来るものを食べること、これがナチュラル・ハイジーンの食事プログラムの基本です。ナチュラル・ハイジーンとはダイエット法ではなく、ひとつの「生き方」であることを強調しています。繰り返しになりますが、ナチュラル・ハイジーンの食生活のモットーは、「プラントベースでホールフードの食事」ということになります。

第9章——菜食ライフへの道

●ベジタリアンとさまざまな菜食スタイル

「ベジタリアニズム（vegetarianism）」という言葉は、一八四七年、英国ベジタリアン協会の発足と同時に生まれました。日本語で「菜食主義」と訳されているこの言葉は、野菜のベジタブルではなく、ラテン語の「ベゲトゥス（vegetus＝完全な、健全な、生き生きした、の意）からきているようで、本来は「健全な人間になる考え方」といった意味合いで、菜食だけに特化していたわけではないようです。

しかし、明治時代に日本に輸入された際に、本来の意味とは別に、野菜（ベジタブル）の意味での「菜食主義」と訳されてしまった結果、日本では「ベジタリアン（vegetarian）＝ベジタリアニズムの実践者、菜食主義者」ということになりました。

ただし、一口に「ベジタリアン」といっても、さまざまなスタイルがあります。「ヴィーガン（vegan）」は完全菜食、「ペスコ（pesco）」は魚介類も摂取、「オボ（ovo）」は卵を摂取、「ラクト（lacto）」は乳製品を摂取、「ラクトオボ（lacto-ovo）」は乳製品と卵は食すなど、食べられるものによって分けられます。

さらに、完全菜食のヴィーガンにおいても、複数のスタイルがあります。例えば、「アクドゥールプラン」は穀菜果食で、穀物を主食とし、生野菜、果物、その他の植物性食品を食します。

『フィット・フォー・ライフ』（グスコー出版刊、二〇〇六年）などのベストセラーで知られる栄養学理論「ナチュラル・ハイジーン」では、果実を重視し、生野菜や豆類を主食としています。

日本でも広く知られているマクロビオティックも食養生の考え方からきた玄米中心のベジタリアンに近い考え方ですが、前述したように、これはジョン・レノンのライフスタイルに大きくとり入れられました。

●アメリカでのマクロビオティックの広がり

ここでアメリカのマクロビオティックについて簡単に触れておきます。

一九六〇～七〇年代にかけて、アメリカでは、いろいろなベジタリアン・フードのブームが生じました。その背景には、ヒッピー文化や東洋文化ブームなどがあったのですが、当時アメリカで広まったのは「マクロビオティック」でした。

このマクロビオティックは日本人の久司道夫の普及活動によって広まりました。久司は、個々の食品が「陰性と陽性」の二つに分類できることを主張し、食事内容にとどまらず、人間の体を含め森羅万象、あらゆるものが「陰と陽」のどちらかに属する、という考え方を示しました。

ジョンとヨーコの語るマクロビオティックの話題には、玄米食がよく出てきますが、陰と陽に関するコメントはありません。二人は、「陰と陽」については知っていたかもしれませんが、陰陽まで考慮した食生活やライフスタイルを実践していたとは考えられず、玄米中心のベジタリアンライフで十分だったのでしょう。

一九六〇年代のアメリカで出版された久司道夫の著書の中で、久司スタイルのマクロビオティックには段階があって、「上級クラスの食事内容は一〇〇%穀物食」ということになっています。このような食生活を続けていると、必要な栄養素が不足することになってしまうので、これは少々行きすぎかな、と私は思います。

一九六〇～七〇年代にかけてアメリカ小児科学会は、「成長期の子供にとってマクロビオティックは危険」と指摘しています。右に記したようなマクロビオティックの考え方は、次第に修正されていき、現在では、「一〇〇％穀物食」という考え方はなくなったようです。

栄養面に関することをなぜ考慮に入れなかったのか。東大法学部出身の久司道夫にとって、専門外だった栄養学や医学の世界をどのように捉えていたのか、興味深いところではあります。

近年では、ロックシンガーのマドンナなどがマクロビオティックの実践者であることが話題になり、日本に逆輸入され紹介されました。

●日本の食養生の開祖、石塚左玄の遺した言葉

日本における近年のマクロビオティック・ブームですが、私自身、医師の立場から見て玄米や菜食を積極的に今の日本食にとり入れるという点では好ましい傾向かと

思っていますが、久司道夫いうところの「マクロビオティックは宇宙の根本原理」という考え方については、医師としての私の範疇《はんちゅう》外のため除外しておきます。

マクロビオティックの根本となる書物を最初に著わしたのは、明治時代の陸軍薬剤監であった石塚左玄《いしづかさげん》で、一八九六（明治二九）年の『化学的食養長寿論』がある意味で出発点となっています。

明治以前の日本では肉類を避けるのは当たり前のことでした。鎌倉時代に、禅僧によって精進料理が確立されています。もっと遡ると、日本では七世紀から八世紀にかけて、当時の天皇より肉食禁止令が出されましたが、およそ一二〇〇年後の明治四年一二月、明治天皇による「肉食宣言」により食の革命が起こります。

インドの場合、菜食主義の根本にあるのは、ヒンドゥー教やジャイナ教など、信仰上の教えです。これらの宗教を信仰する人々は、豆類と乳類を多用する食事を摂ります。豆類を使ったカレーやスープ、乳製品としてはヨーグルトやチーズ、穀物であり小麦製品であるナンやチャパティなどが日本でもよく知られています。

明治以降、日本では次第に肉食が普及し、肉食に対する危機感を抱いていた石塚左玄は、一般啓蒙用の書籍として『通俗食物養生法』を著わしています。その中で、左玄は、次のように述べています。

——最近、欧米各国、ことに海洋国の英国と、肉食が贅沢《ぜいたく》に行なわれている米国において、ベジタリアン（すなわち穀菜主義者であって、本書が唱える穀物主義者=セレアリアンとは異なる）なる人々の主張が盛んとなり、実行の度も進化し、人数も増加し、良い方向に発達しつつあるとのことであるが、その主張は、私の所論と同じでないところがある。

それは、人間の歯の構造をもとにして食物を考えていない、ということ、化学の学理に基づいていないということ、また、その土地の風土・気候を考慮に入れていない、という三点において相違がある。とはいうものの、ベジタリアンの主張するところと、私の所論とは、一方は生物学の経験から来たものであり、他方は化学の学理から入ったものという、ただ表裏の差があるだけで、結果的には、ほとんど同一のものである。

この左玄の言葉には重みがあります。左玄は、イギリスのベジタリアン運動を認識していたのです。

当時のイギリスは、一九世紀に入って、キリスト教会の一部から生じたベジタリアニズム（菜食主義）が活発になります。聖書原理運動のひとつとしてバイブル・クリスチャンというグループが設立され、ベジタリアン食を推奨します。さらには、一八四七年、バイブル・クリスチャン所属の人々が中心になって「英国ベジタリアン協会」を発足させます。このときに作られた言葉が「ベジタリアン」です。

●マクロビオティックが推奨する生活習慣と食事バランス

マクロビオティックが推奨している生活習慣は、次のようなものです。

①食事は一口ごとに二〇回以上咀嚼《そしゃく》する。
②食事の量は腹八分目程度にとどめる。
③間食は健常者には許容されるが、その際、糖分に注意する。

④タバコは禁止する。
⑤酒類は健常者に限り少量許容される。
⑥種々のストレスに注意する。
⑦睡眠や休息を十分にとる。
⑧毎日適度な運動を行なう。
⑨定期的な検診を受け、健康状態をチェックする。

では具体的には、どのような食べ物を、どの程度摂取するのがよいのか。マクロビオティックの基準食の構成は次のとおりです。

・精製していない「全粒穀物」を食事全体量の五〇〜六〇%摂取する（全粒穀物とは、玄米、大麦、雑穀、オートミール、トウモロコシ、ライ麦、そば、うどん、パスタなどです）。
・温帯地域の野菜を食事全体量の二五〜三〇%摂取する。日本が位置する温帯地域の野菜（カボチャ、ブロッコリー、キャベツなど）をバランスよく摂る。

・豆（豆製品）・海藻を食事全体量の一〇〜一五％摂取する。これは小豆《あずき》、ヒヨコ豆、レンズ豆、黒豆、豆腐、海苔《のり》、ワカメ、昆布、ヒジキなどで、副菜には塩や醤油《しょうゆ》などで味付けした豆や海藻を使ったものを入れるようにする。

・スープとして食事全体量の五〜一〇％摂取する。味噌や醤油で味付けした味噌汁やおすましなどには、季節の野菜、豆などを入れる。

それ以外に週に数回摂取してもよいものとして、次のようなものがあげられています。

・魚介類（養殖でない白身魚、川魚）
・季節の果物（オーガニックで温帯性の旬のもの）
・種実類（ナッツと種子類、クルミ、松の実、栗、ゴマなど）
・デザート（麦飴《あめ》、米飴、甘酒などの甘味を用いて、果物や寒天などを合わせて作るが、砂糖は使わない）
・飲み物（ミネラル分の多い良質の水で淹れたお茶で、刺激や香りの強すぎないも

の。例えば、番茶、麦茶など）
・調味料（伝統的な製法で作られたもの。自然海塩、天然醸造醤油、味噌）
・油（ゴマ油、菜種油）
・薬味（大根、ショウガ、レモン、ネギなど）
このような内容が「日本における標準的マクロビオティックス食 入門編」だそうです。

【コラム⑦】臨床医から見たマクロビオティックの効用法

日本の現状から見て、マクロビオティックは高血圧、糖尿病、メタボリック症候群予防に役立つケースがあるかもしれません（予防の効果に関してはデータが全くありません）。

ただし、私の専門である消化器内科の観点から率直な意見を述べますと、女性に多い慢性便秘症状の重いときにマクロビオティックを実践すると、症状は悪化し、腹部膨満感や硬便がひどくなってしまいます。

なぜかというと、全粒穀物や温帯性の野菜をかなりの量を摂ることになるので、食物繊維の中でも水に溶けない不溶性食物繊維が多くなってしまうからです。

この不溶性食物繊維を多く摂る場合は、多くの水分を摂取するか、水に溶けている水溶性食物繊維をバランスよく摂ることが必要になってきます。こうすることによって便の性状を普通便からやや軟便にすることができるのです。

私のクリニックに来院される慢性便秘の患者さんの中で、玄米食を中心とした食事を摂ることで症状が悪化してしまった方はかなりの数に上ります。全大腸内視鏡検査を慢性便秘症の方に施して、上行結腸に未消化の玄米が多数残存するケースにぶつかったことがあります。この患者さんは三度の食事が全部玄米だったのです。

こうした経験から、腸の運動が低下傾向にある慢性便秘症の人は、腸の運動がある程度改善してから玄米中心の食事にするほうがよいと思います。

なお専門家としての経験上、全粒穀物五〇〜六〇%、野菜二五〜三〇%、合わせて七五~九〇%という比率は、かなり偏っていると思われますので、タンパク質や脂肪などをもう少し摂取してバランスよくすべきかと考えています。

その点、全粒穀物、野菜、果実をふんだんに摂り、乳製品や肉類を少なく、魚介類やオリーブオイルを積極的に摂取する「地中海型食生活」や従来の和食にオリーブオイルを使用する程度の食事(地中海式和食)のほうが現代人にはなじみやすいのではないかと考えています。

●肉汁たっぷりを好むイギリスの家庭料理

イギリス人は、野菜や肉を切り刻まないそうです。イギリス人が牛肉をローストビーフにして食べる理由として、かたまりのままローストしたほうが肉汁をキープできて、食べるときとてもジューシーになるからだそうです。この「ジューシーさ(肉汁たっぷり感)」や「モイスチャー(しっとり状態)」という食感をイギリス人は好むようです。

日本の料理の一部に見られるような切り刻むことによってジューシーさやモイスチャーという食感が消えてしまうのだそうですが、日本人にはよくわからない感覚かもしれません。つまりオーブンでローストする料理が多いのは、イギリス人が求めるジューシーさやモイスチャーといった食感を逃がさないためなのです。

イギリスの家庭料理の本を見ると、ローストした料理が多いのに驚きます。また、最近では都会の家庭料理の主流は冷凍食品に移っているようですが、夫婦共働きという家庭環境が影響しているのかもしれません。

冷凍食品の代表例には、ステーキ&キドニーパイ、チキンパイ、キャセロール（蒸し焼き鍋。一三九ページ参照）などがあります。付け合わせとして、オーブン用ポテトやミックス・ベジタブルがあります。ビートルズの時代、つまり一九六〇年代にはステーキはまだまだごちそうだったのでしょうが、キドニーパイ、ソーセージなどは普通に食べていたと思われます。

イギリスの菜食主義者のメインディッシュとしては、一例として、トウモロコシのキャセロール、カッテージチーズとジャガイモのパイ、キッシュ、ホウレンソウのパイ、野菜カレー、トマトとグリーンピース入りの野菜のシチューなどがあげられます。また、ビーフの代わりに、大豆のタンパク質から作った植物性タンパクを用いれば、おおよそのイギリスの家庭料理は作れるでしょう。

最後にイギリスの菜食主義者がクリスマス・イブに食べる代表的なメインディッシュをあげておきます。それは、「ナッツロースト」。作り方は、ミックスナッツをフードプロセッサーにかけて砕き、小麦粉、豆乳、ナツメグ、塩、こしょうを加えたものとゆでたホウレンソウを交互に入れて層を作り、オーブンでローストするのだそうです。

ソースはクランベリーソース。ミックスナッツは細かく砕いてローストすれば、食感も良く、おいしくなります。一九六〇年代から現在までのイギリスでは、日本と比べて肉類や乳製品を多く摂っています。

●菜食主義になる理由

では、どうして菜食主義になるのか、その理由についてもう少しくわしく考えてみたいと思います。

⑴健康増進のため

ベジタリアンの食生活を始めると、次第に体が軽快になり、食材の微妙で深い味わいや香りを今まで以上に敏感に感じとれるようになります。排便も良くなり、便の臭いや体臭が少なくなります。

植物性食品には次のような有用成分が含まれていることで、生活習慣病予防に役立ちます。

・ファイトケミカルが豊富（代表的なものは、カロテン、カテキン、ポリフェノールなど。主に抗酸化作用や、抗ガン作用、抗ウィルス作用などの働きがあります）。
・食物繊維が豊富。
・タンパク質の質・量が適切。

・総脂肪量および飽和脂肪酸が少ない。
・コレステロールがない、あっても低値（虚血性心疾患罹病率、脳血管疾患罹病率、糖尿病罹病率、ガン罹病率の低下に貢献します）。

(2) 肉食は体にふさわしくないから

・動物性脂肪と生活習慣病の関係。
肉をたくさん食べる長寿地域では、肉をゆでたり焼いたりする際、脂肪を捨てています。逆に肉を豊富に食べて寿命の短い地域では、脂肪を多く摂る調理をしています。

動物性脂肪を摂りすぎると、ガンにかかるリスクが増大します。動物性脂肪を摂ると肝臓から分泌される胆汁の主成分である胆汁酸が二次胆汁酸へ、さらに腸内でアミノ酸と結合して、メチルコラントレンなどの物質に変化します。

この物質が大腸粘膜にとり込まれると発ガンに関与する、と言われています。牛肉などを毎日食べている人は、そうでない人と比べて、大腸ガンの発生率が二・五倍も高いという報告があります。

最近では、世界保健機関（WHO）の勧告として、レッドミール（赤身肉）が大腸ガンのリスク・ファクターにあげられています。

米国ガン研究協会（AICR）と世界ガン研究基金（WCRF）による報告書の最新版では、「赤身肉」は大腸ガンのリスクを確実に高めるとされていて、大腸ガン発生の最も高い危険因子食品のひとつとしています。赤身肉とは牛肉や豚肉の中で脂肪の少ないもの部分などのことで、鶏肉は除外されます。

・赤身肉には脂質、中でもコレステロール値を上げる飽和脂肪酸が多いため、多く摂ると肥満などのメタボリック症候群などを引き起こす（肥満は大腸ガンの危険因子のひとつに数えられています）。

・赤身肉には鉄分の量が多いため、虚血性心疾患（狭心症、心筋梗塞）、高血圧、脳血管障害、糖尿病、肥満、薬物アレルギーなどの罹患率が高くなる。

(3) 食肉汚染への不安から

一九九二年から九六年にかけて発症した口蹄疫や一九九六年以降発症している狂牛病（牛海綿状脳症）などのため、ヨーロッパでは肉食をやめてベジタリアンになる人が急増しています。

(4) 自然環境への配慮のため

同じ熱量のベジタリアン食と比べると肉食はエネルギー効率が低く、さらに牛の糞尿《ふんにょう》による水質・土壌汚染が大きな環境問題となっています。

●菜食を推奨するアメリカの食生活指針

アメリカでは、日本よりも肥満やガンの人が多いためか、健康食の開発が日本以上に盛んです。農務省（USDA）と保健福祉省（HHS）による「アメリカ人のための食生活指針（ダイエタリー・ガイドライン）」が五年ごとに発表されていて、一九九五年のガイドラインにはベジタリアン・フードに関する文言が加えられました。つまり、菜食主義は国の指針に沿った推奨食であることが認められたのです。これは、画期的なことです。

一九六〇年代のアメリカでは、誰もが肉類を好んでいました。逆にマクロビオティックなどを行なうベジタリアンは、社会的にも文化的にも異端視され、「危険な思想」とまで言われていました。しかし、ベジタリアン・フードの改善や健康面での疫学的研究の積み重ねによって、菜食が健康維持に有効であることが実証され、国として認知したのです。

ただし、単に肉類・魚類・乳製品などの摂取をやめるだけではなく、ベジタリアン・フードが健康食として機能するためには、いくつかの条件があります。

まずは、バランスよく何種類もの植物性食品を摂ること。そして、豆類、大豆製品を多く食べることで、植物性のタンパク質をきちんと摂ることです。

動物性のものを全く摂らないとなると、鉄やビタミンB12などが不足がちになるので、注意が必要です。足りていないようであれば、以上のような物質は、サプリメントで簡単に補えます。

●イギリスでも増加するベジタリアン

イギリスの菜食主義者の比率ですが、ギャラップ社の調査によると一九八〇年代では二％前後だったのが、一九九五年には四・五％に増えています。一九八〇年代後半に起きた狂牛病騒動の影響もあって、肉食が年々減少傾向となり、その反動として菜食主義者が増加することになったのです。

イギリスの菜食主義者は肉類の摂取をやめ、植物性タンパク質を含む食品に注目し始めます。ポール・マッカートニーの妻だったリンダが開発した植物性タンパク質による食品もこのような部類のものです。植物性タンパク質の食材は、人気が急上昇し、一九八八年から九一年の間だけでも売り上げが三倍にもなったそうです。

では、本当に「イギリスの菜食主義」は健康上効果があったのか、大腸ガンについて調べてみました。

日本では大腸ガンが増加し続け、二〇一七年には女性のガン死の一位、男性でも三位となり、いまだに増加傾向を止められない状況です。

イギリスにおいても、大腸ガンは増加傾向を示しています。また、男性のガン死では三位（一位は肺ガン、二位は前立腺ガン）、女性で二位（一位は乳ガン）とガン発症数の中でも上位にあるのが大腸ガンです。

二〇〇四年に発表されたオックスフォード大学の「大腸ガンに関する研究」では、次のような結果が出ています（『British Journal of Cancer（英国ガン学会ジャーナル）』二〇〇四年九月号掲載）。

ここでは「菜食主義者」四六五三人（男性一五九七人、女性三〇五六人）、「非菜食主義者」六三四五人（男性二五六五人、女性三七八〇人）を対象に一七年間にわたる調査を行なっています。

いずれのグループも、調査開始時の平均年齢は三三歳でした。その一七年後ですから平均年齢五〇歳の段階で、大腸ガンの発症に差があるかどうかを検証したのです。

結果的には、菜食主義者グループで四六五三人中三九人（〇・八四％）が大腸ガンを発症、非菜食主義者グループでは六三四五人中五六人（〇・八八％）が発症、という結果でした。

この研究では、食材によるリスクなども調べていて、肉類を食べないグループよりも食べるグループのほうが大腸ガンになるリスクは増加しています。魚に関しては、一週間に一度以上食べるほうが一度以下よりリスクはやや減少しています。

新鮮な果実は週に一〇回以上食べているとリスクが減少しています。野菜に関しても多く摂取しているほうがリスクは減少しています。またライ麦パンを食べていたほうがリスクは減少します。この調査では、菜食主義者の食材のほうが、大腸ガン発症のリスクを減少させることを示しています。

ベジタリアン食と非ベジタリアン食では、大腸ガンの発症率はベジタリアン食のほうがやや低い程度で、顕著な差は認められませんでしたが、発症のリスクを減少させることは数字に表われています。

●オックスフォード大学「ベジタリアン研究」の結論

イギリスのベジタリアンに関する研究で最も有名なのは、一九九九年に発表されたオックスフォード大学のポール・アプレビーらによる「オックスフォード・ベジタリアン・スタディ」と呼ばれるものです（『The American Journal of Clinical Nutrition（米国臨床栄養学会ジャーナル）』一九九九年九月号掲載）。

これは、一九八〇〜八四年に認めた「菜食主義者（ヴィーガン）」六〇〇〇人と非菜食主義者五〇〇〇人を、その後一二年間にわたって調査し続け比較研究したものです。

結果は、ヴィーガンの人のほうが非菜食主義者で肉類を摂取するグループの人よりもＬＤＬコレステロール（いわゆる悪玉コレステロール）の値が低い、というものでした。また、魚を摂取する菜食主義者グループでも同様にＬＤＬコレステロール値が低いことが認められました。

つまり、肉類とチーズは総コレステロール値の増加に関与し、反対に食物繊維は総コレステロール値の減少に関与していることが、この研究から導かれました。ヴィーガン男性のコレステロール摂取量は一日二ミリグラムと少なく、逆に食物繊維摂取量は五五・三グラムとかなり多かったのです。

一方、肉類摂取の非菜食主義者（男性）では、コレステロール摂取量は一日三〇六グラムと多く、食物繊維摂取量は三五・〇グラムと少ない値でした。さらに一二年間の経過観察でわかったことは、菜食主義者のほうが、肉類を摂取するグループより虚血性心疾患や悪性新生物（大腸ガンなど）の発症率が低かったのです。

つまり、動物性脂肪、飽和脂肪酸の摂取が、これらの疾患の危険因子になることを示唆していました。多数例による研究結果なので、信憑性《しんぴょうせい》が高いと考えられます。

なお、この研究ではメタボリック症候群については言及していません。というのは、メタボは最近の概念だからです。しかし**菜食主義がメタボ予防に有効なことは間違いない**でしょう。

The Beatles
at
Table

第10章——メタボにならなかったビートルズ

●ビートルズの食生活から学べること

ビートルズのメンバーから学びたいことは、食べること以外にもあります。

ＮＨＫ放送文化研究所の世論調査（二〇〇四年）によると、日本人男性の五〇％は、全く料理をしないそうです。その点、ジョン、ポール、ジョージは何らかの形で料理をしています。程度はわかりませんが、晩年のジョンはかなりの頻度で料理をしていたのでしょう。玄米を炊くときの彼のコメントにはびっくりさせられます。食べるだけでなく、作ること自体の大切さや楽しさを知っていたことになります。

私もトマトソースや簡単なパスタを作ることは大好きです。私の場合、医者としての立場上、実際に作ってみないと患者さんに説明できないので、作り方から食べ方まで実行してみます。これは、オリーブオイルを中心とする健康法を説明するときに必要です。

ビートルズのメンバーが何を作って食べていたのかを調べていると、見えてくることがあります。ジョン、ポール、ジョージに対して**我々が見習うべきことは、なるべ**

く穀物、野菜を中心に摂る「菜食中心の食生活」です。

現在の日本は、飽食・過食があふれているうえ、加工品を多く摂りすぎているように感じます。私が行なっている「便秘外来」では、若い女性が多く来院されますが、食生活について尋ねると、一日二回食、炭水化物を抜くダイエット、コンビニ中心の食生活など、感心できないことがたくさんあります。**外来診察に来られる女性の多くがほとんど果物を摂っていない**のです。

これでは、厚生労働省が求めている「一八～六九歳男性で一日当たりの食物繊維摂取量二〇グラム以上、女性は一八グラム以上」の数値には遠く及ばず、最近では一三・九グラムまで落ち込んでしまいました。ジョンやポールが実行していた食生活をある程度とり入れれば、穀物や野菜の摂取量は増加し、一日二〇グラムまで増やすことも夢ではありません。

コンビニは大変便利だし、たいていの食べ物が簡単に手に入る半面、自分で調理する機会を奪ってしまっています。自分で料理することは、食材の種類を覚えたり、作る楽しさも学べるはずです。

ジョンの三五歳以降の生活に対しては賛否両論ありますが、現在の日本人男性がジョンの生き方を少しでも学ぶことで、パートナーの負担を減らせるばかりでなく、家族の結束にもつながることでしょう。しかし現実には男性が家庭生活の仕事の一部を担うのはなかなかむずかしく、残業時間の多いことを理由に、実行できていないのかもしれません。

健康とは、人間ドックを受けたり、薬物療法やサプリメントばかりに頼るのではなく、自然の食材からも手に入れることができるのです。

●ビートルズが教えてくれたスリムの秘密

今まで述べてきたように、ビートルズのメンバーは、何らかの理由で、四人とも菜食主義を主体とするライフスタイルになりました。四〇代のときのメンバーは皆、スリムであり、メタボとはほど遠く、どこかのロック・グループみたいに肥満体の集まりのようなメンバーは誰もいませんでした。

また、それぞれのパートナーたちも、どちらかというとほっそりしていました。彼らなりに食事を作ることを覚え、家庭ではオーガニックな食材を使い、自然主義的な生き方に近づいていきました。

無理やりにではなく、あるときは脇道にそれることも受け入れています。一九七〇年代以降、独自のライフスタイルを築いた四人は、こうしてあまり大きな変化もなく同じスタイルを維持することが可能でした。

一九六〇年代の全盛期のような結束は、過去の夢と消えてしまいましたが、家族の絆《きずな》は深まっていきました。さらに妻が作った食事を摂ることで妻とビートルズのメンバーたちはいずれもスリムな体形を維持したのです。

人生に何を受け入れて何を捨てるかは、その人の価値判断によるものですが、現代日本において、メタボリック症候群や大腸ガン、糖尿病など、食生活と大きく関係した疾患に対しては、彼らがたどってきた「菜食主義」というライフスタイルが役に立ちます。

彼らの生き方をすべて受け入れる必要はありませんが、食生活に玄米を中心とする菜食やイギリス的菜食などをとり入れていくことは意義あることでしょう。

日本人男性が女性より平均寿命が短いのは、性差による違いに加え、アルコールの摂りすぎ、肉食の多さなど、食生活が寿命を縮めている可能性が高いのです。ぜひともビートルズの菜食主義を日常生活にとり入れることをおすすめします。

●ビートルズと今の私たちの食生活との決定的な違い

ここまで、ビートルズのメンバーの過去から現在までの食生活を見てきました。彼らは音楽界を制覇して以降、食生活を多かれ少なかれ穀物・野菜・果実中心のものへと変えていきました。動物性のものは卵・乳製品を少々摂るだけで、肉類は全くといっていいほど摂取しませんでした。

ビートルズがデビューした一九六二年から現在に至るまでの期間、私たち日本人の食生活はどのような変遷をたどってきたのでしょうか。

一九六二年以前は、麦ごはん（ひき割り飯。白米六～八に対し大麦四～二の割合）

と味噌汁、漬物、それに副菜一、二品が基本で、肉類は少なく魚介類を多く摂取し、油脂はあまり摂らないといった食生活（いわゆる一汁三菜）の家庭が多かったのです。

しかし一九七〇年以降になると、肉類・乳製品の摂取が増加し、二〇〇〇年以降になるとコンビニ食、ファストフードの増加、と大きな変化が起こりました。厚生労働省の調査によると二〇〇〇年時の日本人平均寿命は男性七七・七二歳、女性八四・六〇歳で世界一の長寿国となりましたが、罹患する病気に大きな変化が生じたのです。

一九六〇年代には少なかった、糖尿病、大腸ガン、難治性炎症性腸疾患（潰瘍性大腸炎、クローン病）、大腸ポリープ（大腸腺腫）が大幅に増加したのです。糖尿病罹患者数は、一九六〇年代と比べて二〇一五年には三五倍も増加しています。

以前は世界的に見ても大腸ガンの罹患者数が少なかった日本ですが、二〇一七年では激増し、女性のガン死では一位、男性では三位という状況です。

また一九六〇年代には、二〇〇〜三〇〇人程度の罹患者しか存在しなかった潰瘍性大腸炎が、二〇一七年一月現在の調査では二二万人を超えています。これは食生活の変化による腸内環境の悪化が原因と考えられます（最近では、糖尿病も腸内環境の悪化が一部に関与している、と言われるようになってきました）。

では、なぜこのような状況を招いてしまったのでしょうか。それは、食生活の変化によって大麦などの穀類や野菜・果物の摂取が減少、穀類・野菜・果物に多く含まれている食物繊維やファイトケミカルの摂取が減少したため、と思われます。

さらに肉類・乳製品の摂取増加が飽和脂肪酸やコレステロールの増加に結びつき、さまざまな病気を引き起こしていると考えられ、また加工品を多く摂取することで、リノール酸などの多価不飽和脂肪酸、トランス型脂肪酸の増加を招き、動脈硬化などを引き起こしていると予測されます。

ビートルズの食生活を見てください。**彼らは、自然の穀物、野菜、果実など、加工がほとんどなされていない食材を摂っていた**のです。

●「地中海式和食」のすすめ

現在の日本で、ビートルズ的な食生活を実践することはなかなか困難ですが、私が

［健康的な地中海型食生活］

特徴

- エキストラ・バージン・オリーブオイルを多く摂取する。
- パンやパスタなどの穀類や、豆類、果物と野菜類、魚介類を多く摂る。
- 乳製品や肉類はあまり食べない。

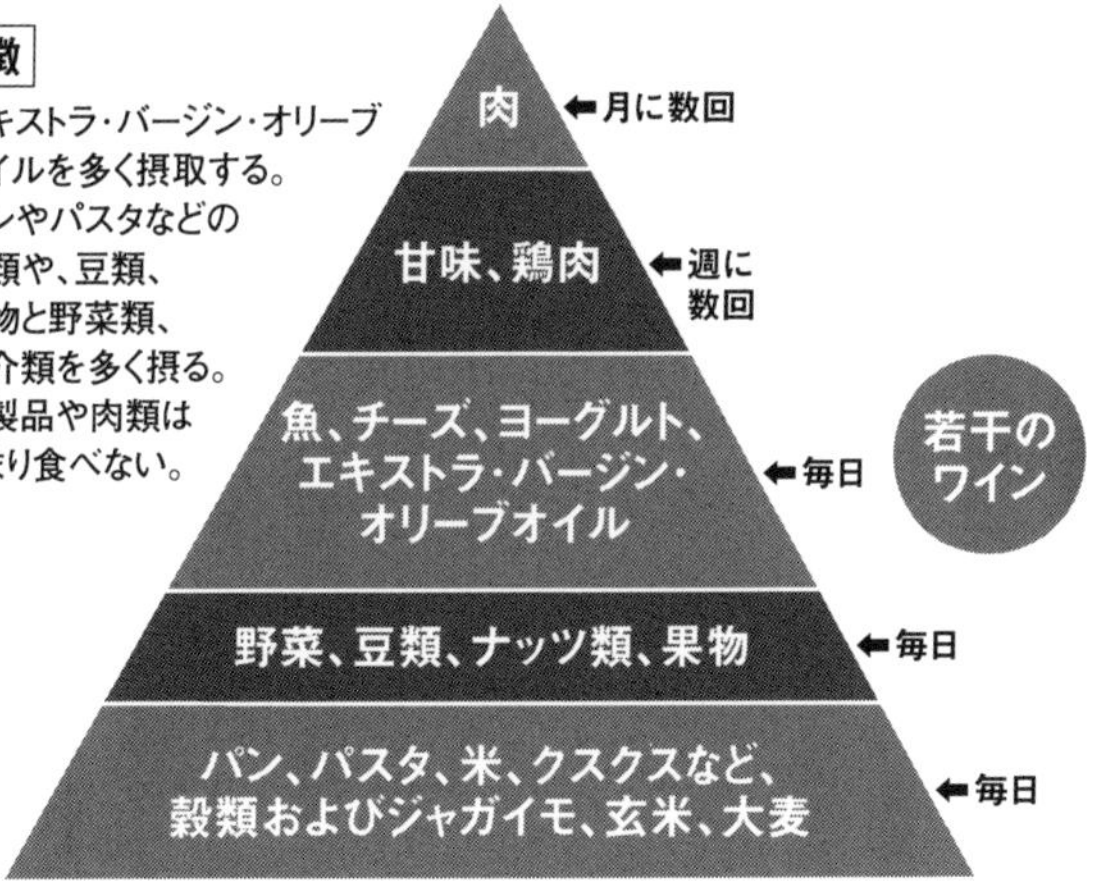

（出典）地中海食に関する国際会議

提案する**和食（家庭食）にエキストラ・バージン・オリーブオイルを加えた地中海式和食**は、比較的簡単に実行できます。

「地中海食（地中海型食生活）」や「和食」は、ともにユネスコ世界無形文化遺産になっています。この二つの食のスタイルは、文化という大きな要素以外にも、健康という点が大きく加味されています。読者のみなさんは、地中海食になじみが薄いかもしれませんので、ここで簡単に説明しておきます。

国際オリーブ協会の地中海型食生

活のフードピラミッドでは、次のようになっています（二〇九ページの図参照）。

①毎日豊富に摂るもの――米、玄米、大麦、パン、パスタ、穀類、およびジャガイモ

②毎日摂るもの――エキストラ・バージン・オリーブオイル、魚、果物、豆類、野菜、ヨーグルト

④週に数回摂るもの――甘味、鶏肉

⑤月に数回摂るもの――肉（牛肉、豚肉）

この食材のバランスを見てみると和食とよく似ています。相違点は、和食では多く摂る発酵食（味噌、醤油、漬物など）がないことと、だし汁がないこと、地中海食にはエキストラ・バージン・オリーブオイルが「毎日摂るもの」に含まれていることです。

地中海型食生活の国々（スペイン、ギリシャ、南イタリア）の人たちは比較的長寿です。日本も長寿国ですが、前述のごとく糖尿病や大腸疾患が急増しています。そこ

で、大腸疾患や糖尿病予防にも有効となる**地中海食と和食双方の内容を上手にとり入れる**ことをおすすめします。

これは、ビートルズの食生活である穀物・菜食を中心に油を使用するのであればエキストラ・バージン・オリーブオイルを使用し、腸に良い食物繊維、植物性乳酸菌などの発酵食を多く摂ること、だし汁を飲むこと、肉類を摂るときには少量の鶏肉と魚介類を加える、という方法です（具体的には、夕食時に肉と魚を一日交代で交互に摂ればよいでしょう。そうすると一週間に二一回ある食事のうち、肉類摂取は三、四回となるので、かなり減ります）。

このような食のスタイルを私は「**地中海式和食**」と名付けました。これなら、誰でも実行可能でしょうし、自分で作るようにすれば健康的な生活が手に入ります。

●時代の象徴、ビートルズのデビューとミニスカートの登場

ビートルズがデビューした一九六二年以降、イギリスではキング・ジェネレーショ

ン（一〇〜二〇代）の間に革命が起こりました。これは、音楽に始まり、ファッションライフスタイルにまで及んでいきました。特にロンドンで花開いたファッションなどの変革を目の当たりにしたアメリカのメディアは「スウィンギング・ロンドン」と命名しました。

このファッション革命は、ミニスカートに代表されます。一九五〇年代後半、イギリスのチェルシーガール（ファッションを上手に着こなすチェルシー地区の女性）たちは自分で裾丈を直して短いスカートをはき始めていました。それをミニスカートとして最初に売り出したのが、ファッション・デザイナーのマリー・クワントです。

私は、ミニスカートの「ミニ」が小さいという意味からきていると思っていましたが、マリー・クワントが気に入っていた自動車の「ミニ」から名付けたのだそうです。

マリー・クワントはミニスカートを大ヒットさせ、一九六六年にはイギリスのファッション産業に貢献したという理由で、ビートルズも受賞した大英帝国勲章（OBE勲章）を授与されています。

一九六七年に来日したファッション・モデルのツイッギーは一九六六年の「英国

ウーマン・オブ・ザ・イヤー」に選ばれています。彼女の出現はファッション・モデルのさらなる細身（ある意味ではボーイッシュ的な魅力）がスタイリッシュであることを、身をもって示したのです。

ツイッギーの出現は「細身であることが美しい」という概念を作り出し、これが今でも続いているのです。一九五〇年代から現在まで毎年行なわれる世界のミス・コンテストで、当初は、ＢＭＩ値（肥満度を表わす体格指数。体重を身長の二乗で割った数値）を公表していました。

このＢＭＩ値は年ごとに低下傾向を示し、二〇〇〇年以降になって若い女性の摂食障害を助長するリスクを考慮し、ＢＭＩ値の公表を中止するようになりました。

ツイッギー出現が女性の美の意識を変えてしまったのです。当時のツイッギーの写真を見ると、全身が小枝のように細く、膝上二〇センチ以上にもなるミニのワンピースを着た姿が実に印象的です。

ミニスカートが流行した頃、イギリスのティーン雑誌『ＲＡＶＥ』によく登場していたのが、ジョージ・ハリスンの最初のパートナーであるパティ・ボイドでした。

ファッション・モデルだった彼女は、長い脚でミニを着こなし、ツイッギーほどではないにせよ、スリムでスタイリッシュ、お相手のジョージもスリムでした。

このようなパティとジョージは「スウィンギング・ロンドン」のプリンスとプリンセスと呼ばれることもあり、「細身であること、スリムであること」がスタイリッシュの条件になってきたともいえるのです。やがて流行はサイケデリックの時代へと移り、ファッション、ライフスタイルはますます多様化していきました。

その中には、ジョージらによる東洋思想へのあこがれ、ジョンによる平和運動など、音楽以外の変革も、ビートルズからのメッセージとして全世界の若者へと伝播《でんぱ》していくことになりました。

ビートルズ出現以前と比較すると、スリムであることが価値のひとつとして認識されるようになり、太りすぎて病気になりやすくなったことに対する警告の意味があったのかもしれません。

現在では、それが行きすぎて摂食障害まで招くようになってしまったというのは皮肉なものです。現在の日本人の体形は、男性は太る傾向にあり、若い女性はやせすぎの傾向にあることが国の調査で明らかになっています。現代人の問題点であるメタボリック症候群は、男性では三〇歳以降、女性では四〇歳以降に多く認められます。

一九六〇年代、日本にも肥満の問題は存在したかもしれませんが、現在ほどではありませんでした。「スウィンギング・ロンドン」時代のイギリスも今ほど肥満の問題を抱えていませんでしたが、現在では日本同様、大きな問題となっています。

スリムを維持しようとすることはむずかしくても、スタイリッシュに生きていこうとする意識を持つことは困難ではないので、まずは意識を「スウィンギング・ロンドン」時代のライフスタイルに向けるといいかもしれません。スリムなスタイルをイメージして、「健全なる食事と適度な運動」で自分の望むイメージに一歩でも近づきたいものです。

●メタボ予防はプチ・ベジタリアンから

ビートルズが来日した一九六六年当時の日本では、高血圧の人は多かったかもしれませんが、現在のように糖尿病、高脂血症、肥満で悩む人は多くありませんでした。一九六〇年前後の日本人の食卓がどのようなものだったのか、詳細な記録は残っていませんが、月刊誌『婦人之友』に掲載されていた食事例をご紹介しておきます。

【朝食】トースト（食パン、バター）
紅茶ミルク（牛乳、砂糖）
ハムエッグ（ハム、卵、植物油、生キャベツ、ソース）

【昼食】ごはん
サンマのバター焼き（サンマ、食塩、バター、醤油）
煮豆（うずら煮豆）
キャベツ

【夕食】ごはん

トンカツ（豚ロース、小麦粉、卵、パン粉、植物油）
インゲン・ソテー（インゲン、バター、食塩）
スパゲティ・ケチャップかけ（スパゲティ、植物油、食塩、トマトケチャップ）
冷やっこ（豆腐、醤油）
キュウリもみ（キュウリ、しそ、食塩）

（昭和三八年一〇月号より再構成）

【朝食】ごはん
味噌汁（味噌、タマネギ、ジャガイモ）
ウィンナーソーセージ
ジャガイモの煮つけ（ジャガイモ、醤油、砂糖）
のり

【昼食】冷やし麺（ゆでうどん、醤油、ネギ）
トマト

【夕食】ごはん
カキフライ（カキ、小麦粉、卵、パン粉、植物油）
キャベツ
茶碗蒸し（卵、鶏肉、シイタケ、かまぼこ、ミツバ、ユリネ、食塩）
青菜のからしあえ

（昭和四〇年一月号より再構成）

このメニューは、おそらく当時の都市部最先端をいくファミリーの食卓をイメージしていたのではないかと思います。昭和三八年一〇月当時といえば、ビートルズがイギリスでデビューして一年経ち、人気が決定的となった頃で、ビートルズの食卓と比較するとおもしろいかもしれません。

当時としては、ビートルズのメンバーにとってもごちそうであったステーキに対して、日本ではトンカツが夕食のメニューに載っているのが目につきます。この当時は「力をつけるためには肉食で」などと言われていたので、日本でもトンカツはおすすめのメニューだったのでしょう。

それから五〇年以上経過した現在では、メタボ予防のため、また大腸ガン予防のための過剰なカロリー摂取の注意や抑制に加えて、レッドミート（赤身肉）摂取への注意が払われ、ステーキやトンカツの過剰摂取への警告が出ているのです。

しかし、現在の日本の食事情を見てみると、ファストフードの進出、ファミレスを含めた外食の増加、（コンビニ食や中食《なかしょく》の増加に伴う）手作りメニューの減少などの影響で、知らないうちに肉食・脂肪食の増加が顕著になっています。

「低炭水化物ダイエット」の人気もまだまだ根強いのですが、心筋梗塞や脳梗塞を起こしやすいこともわかってきました。ビートルズのメンバーのスタイルの良さを思い出してください。おそらく四人とも菜食スタイルの道へ入ったことで、好結果につながったのです。

完全な菜食主義は無理だとしても、プチ・ベジタリアンはおすすめです。いちばん簡単なのは、私が提案している「地中海式和食」です。前に述べたように、従来の家庭食にエキストラ・バージン・オリーブオイルをとり入れれば簡単にできます。エキストラ・バージン・オリーブオイルは、唯一精製していない油で、オリーブの実からとったいわばジュースのようなものです。

●エキストラ・バージン・オリーブオイルの健康パワー

「地中海式和食」の中心になる**エキストラ・バージン・オリーブオイル**ですが、その成分が体全体に働きかけ、長寿に有効であることがわかってきました。そのうえ、エキストラ・バージン・オリーブオイルは、マクロビオティック食や和食など、どんな食のスタイルにも合います。

健康効果についての最新情報を次にご紹介しておきます。

・国際オリーブ協会の規定によると、エキストラ・バージン・オリーブオイルとは果実を丸ごと搾ったもので、酸度〇・八％以下、官能検査（五感などを用いて品質を判定する検査）により、完全な食味を持っているものとされています。

・エキストラ・バージン・オリーブオイルには、三二種類ものポリフェノールが含有されていることがわかってきました。

・特有の風味にはポリフェノールが関与しています。味がビターなものほど、ポリフェノール類の含有量が多くなります。

・精製されていない油なので、最も高い抗酸化作用を有しています。

・米国食品医薬品局（ＦＤＡ）が認めた限定的健康表示として、「一日当たり一三・五グラム（大さじ一杯）のオリーブオイルに由来する一価不飽和脂肪酸（オレイン酸）を、飽和脂肪酸とコレステロールの低い中程度の脂肪食にとり入れたときに心臓病のリスクを減少させる（それまで使用していた油をエキストラ・バージン・オリーブオイルに置き換えた場合）」とあります。これは、脳や心臓病の血管系疾患に対する予防効果です（ＦＤＡヘルスクレーム〈健康強調表示〉より）。

・欧州食品安全機関（ＥＦＳＡ）が二〇一一年に認めた効用として「オリーブオイ

ル・ポリフェノールの摂取（ヒドロキシチロソール、オレウロペインなど）がVLDL（超低密度リポタンパク質）粒子の酸化損傷を保護する」とあります。これは血管の動脈硬化予防にとって最も重要な作用です。

・米国糖尿病学会（ADA）が二〇一三年に出したステートメントには「オリーブオイルを中心とする地中海型食生活は、肥満者の減量を図るためには短期間（二年間）では、有効であるかもしれない」とあります。

・慢性便秘症の患者は、毎日大さじ一、二杯摂取することで、現在服用している下剤を減量可能とさせるポリフェノールが含まれています。

エキストラ・バージン・オリーブオイルの持つポリフェノール・パワーは、次のとおりです（カッコ内は化合物名）。

①動脈硬化予防（ヒドロキシチロソール、オレウロペイン）
②心臓病予防
③アルツハイマー病予防（オレオカンタール）

④ヘリコバクター・ピロリ菌感染症予防
⑤ガン予防〈大腸ガン、乳ガンなど〉（オレウロペイン、ヒドロキシチロソール）
⑥メタボリック症候群予防
⑦関節リウマチの痛みに対する改善効果（オレオカンタール）
⑧潰瘍性大腸炎に対する改善効果（オレウロペイン）
⑨全身のさまざまな部位への改善効果によるスローエイジングとアンチエイジング効果
⑩糖尿病予防
⑪病原微生物感染予防（オレウロペイン）

●菜食ライフはビートルズの隠れた遺産

職種などで大きな差があるかもしれませんが、現在就業中の人は、朝、自宅で食事を摂るか、朝食抜き（二〇一九年現在、二〇～三〇歳代の男女の二〇～三〇％は朝食抜き）、昼食・夕食は、外食、お弁当、コンビニ食などですますことも多く、いずれも手作りの食事とはほど遠い人が多いというのが現状でしょう。

では、外食または加工品を多く摂る機会が多い**昼食・夕食に何を食べるべきか**。毎日の積み重ねなので、なるべく加工品などを摂らずにバランスのよい食事を考えていくことになります。

主食でおすすめなのは、β-グルカンという水溶性食物繊維が多いもち麦（大麦の一種）を中心とした「**もち麦ごはん**」です。また自身の経験からですが、**昼食には玄米のおにぎり一個、豆乳（または植物性乳酸菌飲料）、リンゴ一個**、これで空腹感はなくなります。もち麦ごはんはおにぎりにしてもよく、毎日飽きずに食べられます。

夕食はできるだけ自宅に帰って、魚タンパク、豆腐（大豆タンパク）などを中心とする食材で、「**玄米と野菜の食事**」を摂ればよいのです。**油はエキストラ・バージン・オリーブオイル**を使ってください。

ポールの妻、リンダが得意としていた「トマト味のペンネ」は、誰でも簡単に作れるので、レシピを次に記しておきます。

【トマト味のペンネ】

①水煮のホール・トマト（できればイタリア産のものを使用、モンテ物産のトマトの缶詰〈四〇〇グラム〉は一個一〇〇～二〇〇円ほどで販売されています）を鍋に入れ、ヘラでつぶしていきます。

②まず中火で煮ます。その間にエキストラ・バージン・オリーブオイル、ニンニク小片一個、スウィートバジルの葉（なければ乾燥のスウィートバジルでも可）を入れてよくかき混ぜます。一度沸騰したら弱火にして、一～二時間ぐつぐつ煮込みます。塩を適量入れれば、トマトソースのできあがりです。

※イタリア産のトマトを使うと、コクとうま味、酸味がきいて、イタリアン・レストランの味を出すことが可能です。もし、タンパク質が必要ならば、缶詰のツナをオリーブオイルで炒め、最初にトマトソースの中に入れて一～二時間煮込むと、さらに深みのある味になります。ペンネをゆでてトマトソースをかければ、できあがりです。残ったトマトソースはライ麦パンにつければ、おいしく食べられます。

このように簡単に作れておいしくて健康的な料理はたくさんあるので、食材を買ってきて、ぜひご自身でトライしてみてください。生前、料理することを楽しんでいた天国のジョンも、きっと自分で作ることをすすめるに違いありません。

●ビートルズ・サウンドとプチ・ベジタリアンで楽しむ週末ライフ

この項は、私が理想と描く週末のライフスタイルです。おいしくて、しかも満足感あふれるプチ・ベジタリアン・フードと体にやさしいビートルズ・ソングで楽しんでみたいと思います。

まずは朝ですが、目覚めたときボーッとするのは、ウィークデーもウィークエンドも同じです。ウィークエンドは、ゆっくりと快適に目覚めたいものです。このボーッとした脳にスイッチを入れる働きをしているのが脳幹網様体と言われている部分です。

脳幹は脳全体の下部に存在し、脳幹の背中側に散在する網様体が刺激を受ければ、脳全体が覚醒して、活発に活動するようになります。脳幹網様体を刺激するには、全身からのさまざまな刺激が効果的です。

例えば、光、音、味覚、皮膚や筋肉からの感覚からでも刺激を受けます。直接刺激する方法としては、お茶やコーヒーが良く、これらに含まれているカフェインが脳幹網様体を刺激するので、モーニング・コーヒーやブレックファスト・ティーはおすすめです。

さらに明るい光を目に入れると、光の刺激が網膜や視神経を通じて脳幹網様体に伝えられます。また、噛むという動作で咬筋《こうきん》（頬の奥にある骨格筋）を使うと、脳幹網様体を刺激します。

では、おすすめの朝食とは、どのようなものでしょうか。独断になりますが、クロワッサン、カフェオレ、そしてプレーン・ヨーグルトにオリゴ糖、バナナを入れたデザートなどはいかがでしょうか。

この組み合わせだと、カフェインで目をぱっちりと覚まし、ヨーグルト（乳酸菌）、オリゴ糖、バナナ（食物繊維、オリゴ糖）で腸がすっきりということになります。しかも、おいしいのです。

では、朝食のお供にどんな音楽がふさわしいでしょうか。目覚めのときは、スローな気分なので、スローからミディアム・テンポの音楽を聴き、次第に目覚めてきたら、次にミディアム・テンポからアップ・テンポの曲へ移行していくと快適さが増します。これは自律神経の日内変動が大きく関与しているためです。

自律神経には交感神経と副交感神経があって、二つの神経が交互に活動的になることで体のリズムを作っています。朝、目覚めてすぐのときには、まだ副交感神経の活動のほうが活発なので、心拍数は低く、血圧・体温なども低下傾向です。

昼間になってくると、交感神経が活発になり、その作用で体温や血圧が上昇したり、心臓の拍動が速くなって活動的になります。そして夜になると今度は副交感神経が再び活発になり、体温や血圧が下がり、心拍数も低下して体がリラックス・モードになります。この体内リズムは、体内時計でコントロールしているのです。

こうしたことを考慮すると、朝はゆったりめのビートルズ・ソングがいいでしょう。私のおすすめは、ジョージ・マーティン・オーケストラの奏でる『ジス・ボーイ』です。スロー・テンポでありながら、開放的で親しみやすいメロディーは、気分をよりいっそうやわらげてくれ、ウィークエンドの朝にはぴったりです。

昼はというと、ふだんは仕事で疲れた脳を休ませるために、何もしないで緑の平原を眺めているなんて、脳にとっては最上の休息といえます。あるいは、マインドフルネス瞑想（八七ページ参照）もよいでしょう。

昼食には、もち麦ごはんのおにぎり二個とリンゴ一個を持って出勤すれば、お腹は満足します。そしてヘッドホンステレオでパーシー・フェイス・オーケストラの奏でる『フール・オン・ザ・ヒル』や『ヒア・ゼア・アンド・エヴリウェア』を聴けば、気分は最高です。

夜はどうしたらよいのでしょうか。昼の間ずっと活発になっていた交感神経は、夜になるにしたがって次第に働きが低下し、逆に副交感神経の働きが高まってきます。副交感神経は、休養のためリラックス・モードに入る神経です。

夜になれば、脳をクールダウンさせることが必要なので、先ほど述べた脳幹網様体への刺激を遮断させることです。例えば光を落として間接照明にしたり、キャンドルの下で食事を摂るなどというのはいかがでしょうか。

夕食には、コンソメにタマネギ、キャベツ、ニンジンを入れて作った具だくさんのスープ煮を二杯、マグロのカルパッチョ（オリーブオイルであえたもの）、メインに白身魚に香草オリーブオイル（オリーブオイルをハーブなどに浸したもの）をかけてオーブンで焼いた魚料理、昆布だしで炊いた玄米にゴマ塩をかけてオリーブオイル少々をかけたオリーブ玄米、そしてデザートに、ちょっと甘い黒蜜のみつ豆なんていう組み合わせはいかがでしょうか。

和食のテイストにオリーブオイルを上手に加えた「地中海式和食」メニューです。平日に肉食が多かった人には、週末は全く肉を摂らず、魚をメインとした夕食をおすすめします。

そして楽しい夕食時には、ホリーリッジ・ストリングスの奏でる、少々厳かな『レット・イット・ビー』や『ザ・ロング・アンド・ワインディング・ロード』などがピッタリです。寝る前には、温かいカモミール・ティーを飲みながらジ・エンジェル・ウィスパーズの奏でるオルゴールによる『グッド・ナイト』を聴くとぐっすり眠れますよ。

以下、ＰＲになりますが、かつて私はビートルズ・ソングのホリーリッジ・ストリングス、フランク・プゥルセル・オーケストラなどによる演奏一〇〇曲を集めたビートルズ曲集『HEALTH!』（東芝EMI、現在品切れ中）の製作に関わっていたことがありました。機会があれば聴いてみてください。

●P.S.アイ・ラヴ・ユー、ビートルズ!

ビートルズのメンバーがライフスタイルの中で大きな転換期を迎えたのは、一九六七年の「サマー・オブ・ラブ」の瞬間ではないかと思います（七五ページ参照）。この年は、ヒッピー文化がピークを迎え、「ラブ・アンド・ピース」について語られました。

ビートルズも、同年五月一八日、衛星放送を使って『愛こそはすべて』を全世界に向けて発信していますが、一九六七年に起こった「サマー・オブ・ラブ」は一瞬の幻にすぎなかったことに気づいてしまったのかもしれません。

もうひとつ、ビートルズをビジネス面で束ねていたマネジャー、ブライアン・エプスタインが同年八月に急死したことも大きく関与していたかもしれません。

また、「サマー・オブ・ラブ」、ヒッピー文化、ＬＳＤなどのドラッグに対し、心の平和を一瞬得られるかのごとく錯覚してしまったのですが、現実を見て幻滅したのでしょう。

その後、彼らの人生はインドを訪問してからのち、激変することになります。ジョンはオノ・ヨーコと一緒になり、孤独の心から「ワビ、サビ」を吸収したシンプルライフを伴う玄米中心の自然食へ、ポールはリンダと一緒になり、動物愛護から肉食拒否への菜食主義となりました。

ジョージはインドとヒンドゥー教を知ったことで菜食主義になり、リンゴはアルコール依存症を克服、健康を考えて菜食主義となりました。

このように各人のライフスタイルを検証していくことは、ビートルズの音楽をより深く知ることになるとともに、あなたの人生をきっと豊かなものにしてくれることでしょう。

ビートルズは音楽以外にもライフスタイル、特に「食」に関して興味深いことを残してくれました。

ビートルズの食生活を検証し、現代人にも容易な「プチ・ベジタリアン」という概念をとり入れることで、大腸ガンや心臓疾患・糖尿病、メタボリック症候群などの予防にもつながります。このビートルズ・スタイルの食生活をとり入れることで、体の中をリセットすることができます。毎日行なうことが無理であれば、週末だけでもOKです。これを活用すれば、日常生活がより快適になり、自分が望む、スリムでスタイリッシュな姿によりいっそう近づけることでしょう。

●ビートルズ・スタイルの一日の食事メニュー

【朝】玄米、ワカメの味噌汁、たくあん
（ジョンのお気に入り、マクロビオティック・スタイル）
【昼】大豆ミート（大豆の成分からタンパク質を抽出した肉の代用品）入りシチュー、
ライ麦パン、リンゴ一個

（ポールのお気に入り、菜食スタイル）

【夕】パニール（インド式のチーズ）とホウレンソウのカレー、ナン

（ジョージのお気に入り、菜食スタイル）

【デザート】アップルパイ

（リンゴのお気に入り、菜食スタイル）

どうですか。食べたくなるでしょう。誰でも簡単に作れて、しかもおいしいですよ。今日からみなさんも、ビートルズの食生活を上手にとり入れて、メタボを撃退し、お腹すっきりのスマートな体形を手に入れ、いっそう若々しい日々を送ってください。

あとがき

この本で私が読者のみなさんに伝えるべきことは何なのか。常にそのことを頭の片隅に置きながら本書を書き進めたのですが、やがてそれは、医師としての立場を意識した勇み足だったことに気づきました。それは私がまとめあげることよりも早く、ビートルズのほうから私に教えてくれました。

・食卓に並んでいた食べ物は、それぞれの生き方と直結していたこと。
・「食の大切さ」とともに〈何を食べていたのか〉という向こう側にある「食を共有する家族の大切さ」。

それがどこまでみなさんにお伝えできたか、著者として自信に欠ける部分でもありますが、今まであまり知られることのなかったビートルズの食生活から、みなさんのライフスタイルのヒントになるものが見つかれば、著者としてとてもうれしく思います。

二〇一七年、日本にとってこの年は「ビートルズの年」だったといえるでしょう。四月にはポール・マッカートニーの来日公演が行なわれ、五月にはアルバム『サージェント・ペパーズ・ロンリー・ハーツ・クラブ・バンド』の発売五〇年記念盤がリリースされました。

ポールのコンサートをご覧になった方は実感されているでしょうが、ポールは当時七四歳だったとは思えないほどスタイリッシュで若々しい姿を披露し、三時間近くのパワフルなステージを見事にこなしていました。特に四月三〇日の東京ドームにおけるステージは、いつものように水分を全く摂らず全三九曲を歌い切りました。

ポールは二〇年近く前から、ツアー・パンフレットなどで次のようにアピールしています。

「〝ベジタリアンになろう〟は、今でも僕のメッセージだ（〝go veggie is still the message〟）」

ポールのコメント（「アウト・ゼアージャパン・ツアー2015」のパンフレット）によれば、二〇〇九年六月に「**ミートフリー・マンデー**」（月曜日には肉を食べるのをやめよう、の意）のキャンペーンが始まった、と述べています。

コメントの中で、ハーバード大学公衆衛生学部の研究が紹介されています。その内容は、加工肉をひと月たった五〇グラム（一本のソーセージもしくは二切れのベーコンに相当する量）を摂取するだけで、冠状動脈性心臓病にかかる確率が四二％、そして糖尿病にかかる確率が一九％増えることが記述されています。

ポールは、環境問題からさらに一歩踏み込んで、健康問題にまで適切に指摘できるようになったのです。

残念ながら、ジョンとジョージは天国に逝ってしまいましたが、ポールとリンゴはまだまだ元気です。そして、彼らの元気の源は「菜食主義」だったのです。

読者のみなさんも、週末くらいは菜食を意識した食事をされてみたらいかがでしょうか。ポールのようなスリムな体形と、いつまでも続く若さと健康を手に入れられるかもしれません。

（著者）

●『ビートルズ　ラヴ・ユー・メイク　上・下』
ピーター・ブラウン、スティーヴン・ケインズ著、小林宏明訳／早川書房
●『ジョン・レノン　ALL THAT JOHN LENNON　1940−1980』
北山修著／中央公論社
●『ジョージ・ハリスン自伝　I・ME・MINE』
ジョージ・ハリスン著、山川真理訳／河出書房新社
●『COME TOGETHER　ジョン・レノンとその時代』
ジョン・ウィナー著、原田洋一訳／PMC出版
●『イエスタデイ　ポール・マッカートニーその愛と真実』
チェット・フリッポ著、柴田京子訳／東京書籍
●『ジョン・レノン　上・下』レイ・コールマン著、岡山徹訳／音楽之友社
●『耳こそはすべて　ビートルズサウンドの秘密と音楽プロデューサーへ道』
ジョージ・マーティン著、吉成伸幸、一色真由美訳／クイックフォックス社
●『Beatles '64　走れ!ビートルズ A HARD DAY'S NIGHT IN AMERICA』
カート・ガンサー(写真)、A・J・S・レイル著、斎藤早苗訳／JICC出版局
●『ブラックバード　ポール・マッカートニーの真実』
ジェフリー・ジュリアノ著、伊吹徹訳／音楽之友社
●『ジョン・レノン　愛と芸術』アントニー・フォーセット著、
江口大行、ジョイ・ハリソン、沢一訳／シンコーミュージック
●『Ai ジョン・レノンが見た日本』
ジョン・レノン絵、オノ・ヨーコ序／小学館／筑摩書房
●『原初からの叫び(The Primal Scream)』
アーサー・ヤノフ著、中山善之訳／講談社
●『ジョン・レノン ロスト・ウィークエンド Instamatic Karma』
メイ・パン著、山川真理訳／河出書房新社
●『文藝別冊　ジョン・レノン　その生と死と音楽と』／河出書房新社(2010年10月)
●『文藝別冊　増補新版　ポール・マッカートニー』／河出書房新社(2011年6月)
●『化学的食養長寿論』石塚左玄著／博文館
●『食医石塚左玄の食べもの健康法　自然食養の原典「食物養生法」現代語訳』
丸山博解題、橋本政憲訳／農山漁村文化協会
●『食養雑誌』／食養会
●『婦人之友』／婦人之友社(昭和38年10月号)
●『婦人之友』／婦人之友社(昭和40年1月号)
●『British Journal of Cancer(英国ガン学会ジャーナル)』(2004年9月号)
●『The American Journal of Clinical Nutrition
(米国臨床栄養学会ジャーナル)』(1999年9月号)
●『Cancer Research(ガン研究)』
●『News Of The World(ニュース・オブ・ザ・ワールド)』
●『New Musical Express(ニュー・ミュージカル・エクスプレス)』
●『PLAYBOY』
●『LIFE』(1971年4月)
●『RAVE』

参考文献

●『ポール・マッカートニー　イーチ・ワン・ビリービング』
ポール・マッカートニー著／プロデュース・センター出版局
●『ビートルズでおなかスッキリ　胃腸のはたらきを改善する音楽療法』
松生恒夫著／法研
●『ジョン・レノンに恋して』シンシア・レノン著、吉野由樹訳／河出書房新社
●『アストリット・Kの存在　ビートルズが愛した女』小松成美著／世界文化社
●『抱きしめたい　ビートルズ'63』マイケル・ブラウン著、奥田祐士訳／アスペクト
●『THE BEATLES BACKSTAGE　ザ・ビートルズ もうひとつの顔』
テレンス・スペンサー著、斎藤早苗訳／同朋舎出版
●『ザ・ビートルズ・サウンド 最後の真実』
ジェフ・エメリック、ハワード・マッセイ著、奥田祐士訳／白夜書房
●『THE BEATLES ANTHOLOGY』ザ・ビートルズ・クラブ編／リットーミュージック
●『ビートルズ大学』宮永正隆著／アスペクト
●『若大将の履歴書』加山雄三著／日本経済新聞出版社
●『パティ・ボイド自伝　ワンダフル・トゥデイ』パティ・ボイド、ペニー・ジュノー著、
前むつみ訳／シンコーミュージック・エンタテイメント
●『The Beatles in Rishikesh(リシケーシュのビートルズ)』
Paul Saltzman著／Avery
●『ジョージ・ハリスン』
アラン・クレイソン著、島田陽子他訳／プロデュース・センター出版局
●『リンダ・マッカートニーの地球と私のベジタリアン料理』
リンダ・マッカートニー、ピーター・コックス著、鶴田静、深谷哲夫訳／文化出版局
●『ビートルズ革命』ジョン・レノン著、片岡義男訳／草思社
●『メモリーズ・オブ・ジョン』オノ・ヨーコ編／イースト・プレス
●『ジョン・レノン愛の遺言』ジョン・レノン、オノ・ヨーコ著、川勝久訳／講談社
●『ジョン・レノン　ラスト・インタビュー』ジョン・レノン、オノ・ヨーコ、
アンディー・ピーブルズ著、池澤夏樹訳／中央公論新社
●『ジョン・レノン　PLAYBOYインタビュー』PLAYBOY編集部編／集英社
●『ジョン・レノン　IN MY LIFE』
ケヴィン・ホウレット、マーク・ルイソン著、中江昌彦訳／日本放送出版協会
●『ジョン・レノン家族生活』西丸文也著／角川書店
●『ジョン・レノン　アメリカでの日々』
ジェフリー・ジュリアーノ著、遠藤梓訳／WAVE出版
●『ビートルズ』ハンター・デヴィス著、小笠原豊樹、中田耕治訳、
草思社／増補完全版　河出書房新社
●『Linda McCartney on Tour』Linda McCartney著／Bulfinch Press
●『チャイナ・スタディー』
T・コリン・キャンベル、トーマス・M・キャンベル著、松田麻美子訳／グスコー出版
●『フィット・フォー・ライフ』
ハーヴィー・ダイアモンド、マリリン・ダイアモンド著、松田麻美子訳／グスコー出版
●CDビートルズ曲集『HEALTH!』東芝EMI
●『ジョン・レノン伝説　上・下』アルバート・ゴールドマン著、仙名紀訳／朝日新聞社

G-Books

松生恒夫（まついけ・つねお）
昭和30年（1955）、東京都出身。松生クリニック院長、医学博士。東京慈恵会医科大学卒。松島病院大腸肛門病センター診察部長を経て、2003年に立川市にて開業。日本消化器内視鏡学界専門医・指導医。地中海式食生活、漢方療法、音楽療法などを診療にとり入れ、治療効果を上げている。『「腸寿」で老いを防ぐ』（平凡社）、『腸はぜったい冷やすな！』（光文社）、『寿命をのばしたかったら「便秘」を改善しなさい！』（海竜社）など著書多数。

ビートルズの食卓
彼らは「食の世界」でも先駆者だった！

令和2年（2020）6月29日　第1刷発行

著者 ——— 松生恒夫
装幀 ——— 野村高志
印刷・製本 —— 株式会社シナノ
編集協力 —— 小口 透

発行者 ——— 佐藤八郎
発行所 ——— 株式会社グスコー出版
東京都品川区大井1-23-7-4F　〒140-0014
販売部　03-5743-6782
編集部　03-5743-6781
FAX　03-5743-6783
https://www.gsco-publishing.jp

ISBN　978-4-901423-26-7　C0277